Wettkampfstrategie

für Triathlon Mittel- & Langdistanz

Wettkampfstrategie

für Triathlon Mittel- & Langdistanz

Stefan Schurr

Bibliografische Information der Deutschen Nationalbibliothek:
Die Deutsche Nationalbibliothek verzeichnet diese Publikation
in der Deutschen Nationalbibliografie; detaillierte bibliografische
Daten sind im Internet über www.dnb.de abrufbar.

Copyright Stefan Schurr – Winterbach 2019

Herstellung und Verlag:

BoD- Books on Demand, Norderstedt

ISBN-13: 978-3-7494-8372-3

Inhaltsverzeichnis

Vorwort

Mit der richtigen Strategie zum bestmöglichen Wettkampfergebnis!

Bücher, Abhandlungen und Angebote zum Thema Trainingsplanung und -durchführung gibt es viele. Forschung und Ratgeber treiben auf diesem Gebiet immer neue Blüten: Schlagwörter wie Polarisiertes Training, Hochintensives Intervalltraining oder Blockperiodisierung machen die Runde und bestimmen den Trainingsalltag vieler Athleten. Auch in den Bereichen Regenerationsoptimierung sowie Ernährung hat sich in den letzten Jahren viel getan: Low Carb und Paleo-Ernährung ist in vieler Munde. Faszienrollen allgegenwärtig.

Modernes Ausdauertraining ist vielfältig, individuell und innovativ geworden!

Egal ob Profi, ehrgeiziger Altersklassenathlet oder auch etwas weniger ambitioniert. Alle versuchen das Maximum aus ihren individuellen Möglichkeiten herauszuholen und geben dafür oft auch sehr viel Geld aus.

Monatelang bereiten sich Athleten auf ihren ganz großen Wettkampf vor. Und was passiert am Wettkampftag? Taktik, Pacing und Ernährung gleichen oft einem Vabanquespiel mit ungewissem Ausgang!

Was gilt es am Wettkampftag zu beachten? Wie kann der Athlet aus seinen individuellen Möglichkeiten das Maximum erreichen, wie das Optimum aus der monatelangen Vorbereitung herausholen?

Diese Buch gibt dem Athleten einen konkreten Leitfaden an die Hand, der ihm dabei Unterstützung bietet.

Einleitung

Für Triathleten auf der Mittel- und Langdistanz bedeutet die Umsetzung einer optimalen Wettkampfstrategie normalerweise, dass sie die Ziellinie in der schnellstmöglichen Zeit erreichen können.

Auf den längeren Triathlondistanzen, die wir in diesem Buch betrachten, stellen ein effizientes Energiemanagement sowie eine ökonomische Krafteinteilung entscheidende Kriterien dar. Aber auch andere Faktoren haben ihren Einfluss auf das Ergebnis am Wettkampftag. Worauf wir in diesem Zusammenhang in den folgenden Kapiteln eingehen werden sind:

- *Pacing:* mit ökonomischer Krafteinteilung und effizientem Energiemanagement zur schnellstmöglichen Gesamtzeit.

- *unmittelbare Wettkampfvorbereitung* (UWV) unter dem Gesichtspunkt der Trainingsgestaltung in den letzten 10-14 Tagen vor dem Wettkampf. Es geht darum frisch und leistungsbereit am Start zu stehen. Gerade in dieser Phase kann noch viel falsch gemacht werden. Ein zu viel an Training in diesen Tagen resultiert in einer großen Restermüdung. Ein zu wenig schadet aber auch, der Körper schaltet in einen „Ruhemodus" herunter und ist weniger leistungsbereit. Die gesunde Mischung aus Training und Erholung garantiert am Wettkampftag die maximale Leistungsbereitschaft!

- *Materialoptimierung:* im Radfahren haben sowohl Aerodynamik und (Roll-)widerstand als auch Komfort ihren offensichtlichen Einfluss auf das Wettkampfergebnis, aber auch im Schwimmen und Laufen kann man an einer Optimierung ansetzen und am einen oder anderen Schräubchen drehen um die Gesamtperformance zu steigern.

- *Wettkampfernährung:* die Energie- und Flüssigkeitszufuhr spielt auf den längeren Wettkampfstrecken eine entscheidende Rolle, so dass auch beim Laufen gegen Ende des Wettkampfs noch genügend Energie vorhanden ist und eine hohe Geschwindigkeit aufrecht erhalten werden kann. In dieser letzten Wettkampfphase kann der Athlet noch sehr viel Zeit einbüßen!

➤ *Einfluss von Hitze- und Kälte:* hier treten mitunter Umstände auf, die noch besonders in die Betrachtung der Wettkampfvorbereitung und -durchführung einfließen sollten. Paradebeispiel ist der Ironman auf Hawaii: extreme Hitze und hohe Luftfeuchtigkeit stressen die Athleten zusätzlich und verlangen von ihnen alles ab!

➤ *Mentale Bewältigungsstrategien:* auf den langen Triathlondistanzen kann man von einem ständigen Krisenmanagement sprechen, Phasen der Euphorie wechseln mit schwierigen Phasen ab, mentale Bewältigungsstrategien helfen in Krisensituationen die Leistung hoch zu halten.

➤ *optimales Wettkampfgewicht:* das ist ein Faktor, der am Wettkampftag natürlich nicht mehr beeinflussbar ist. Dennoch wollen wir ihm Beachtung schenken, da das Wettkampfgewicht -vor allem der Körperfettanteil- doch einen großen und entscheidenden Einfluss auf die körperliche Leistungsfähigkeit und damit das Wettkampfergebnis hat.

Das Ziel ist, dass der Athlet die einzelnen wettkampfrelevanten Faktoren in einen harmonischen Einklang bringen kann, so dass er am Ende sein individuell bestmögliches Wettkampfergebnis erreicht.

Los geht's!

Optimales Pacing

Mit der richtigen Strategie zum optimalen Wettkampfergebnis!

Was bedeutet optimales Pacing für den Triathleten?

Im Prinzip läuft es darauf hinaus, dass die Wettkampfdistanz in der kürzest möglichen Zeit bewältigt werden kann!

Dabei treten einige Gesichtspunkte auf, die es zu betrachten gilt:

Welche Wettkampfgestaltung verspricht das beste Endergebnis?

Wie kann ich meine Kräfte am ökonomischsten einsetzen, so dass ich am Ende noch genügend Energie für das Laufen habe?

Wie komme ich beim Radfahren am effektivsten über Berge ohne zu überpacen?

Wie wirkt sich eine aggressive Renngestaltung auf dem Fahrrad auf die Laufperformance aus?

Und so weiter, die Liste möglicher Tücken und Fallstricke ist lang. Strategische Fehler beim Pacing können sich auf das Wettkampfergebnis fatal auswirken!

Was in diesem Kapitel die wesentliche Überlegung darstellt, ist die nach einer ökonomischen Renneinteilung. Es geht im um Tempogestaltung und den effizienten Einsatz der eigenen Ressourcen.

Eine gleichmäßige Leistungsentfaltung bringt unter dem Gesichtspunkt einer ökonomischen Energiebereitstellung deutliche Vorteile und sollte gegenüber einer Renngestaltung mit ausgeprägten Belastungsspitzen auf jeden Fall favorisiert werden. Spitzenathleten, die sich in unmittelbarer Konkurrenz zu anderen Athleten befinden, weichen allerdings teilweise von dieser Art der Renngestaltung ab um mit „Zwischenspurts" andere Athleten unter Druck zu setzen oder auf Geschwindigkeitsvariationen der Konkurrenten zu reagieren. Meist geht das dann aber auch zu Lasten einer schnellstmöglichen Endzeit. Taktische

Gesichtspunkte rechtfertigen diese Maßnahmen um nicht schon frühzeitig „ins Hintertreffen" zu geraten!

Je nach Belastungsdauer spielt sich die Energiebereitstellung während eines Triathlon-Wettkampfs meist unterhalb bis an den Bereich der individuellen anaeroben Schwelle ab. Diese Schwelle stellt den Intensitätsbereich dar, an dem gerade noch keine verstärkte Laktatanhäufung in der Muskulatur stattfindet und die über längere Zeit aufrecht erhalten werden kann.

Bei kurzen Wettkämpfen unter einer Stunde liegt die Intensität teilweise auch über der individuellen anaeroben Schwelle, hier kann die höhere Belastung eine gewisse Zeit toleriert werden. Bei Ironman-Rennen mit ihrer langen Wettkampfdauer liegt die Intensität meist deutlich darunter: hier stellt dann der Energieverbrauch und dabei der Anteil des Kohlenhydratstoffwechsels an der Energieproduktion den hauptsächlichen Leistungsbegrenzer dar. Das unterstreicht die große Bedeutung des Fettstoffwechsels bei dieser langen Wettkampfbelastung. Und diesem Gesichtspunkt muss dann bereits im Training die entsprechende Priorität eingeräumt werden.

Kohlenhydrat- & Fettstoffwechsel

Während eines *Langdistanz*-Triathlon geht der Athlet im Verlauf des Rennens ein großes Energiedefizit ein. Es ist schlicht nicht möglich, so viel Energie aufzunehmen wie im Laufe des Wettkampfes verbraucht wird. Ergo: Bei einer Langdistanz stellt der Kohlenhydratverbrauch einen begrenzenden Leistungsfaktor dar. Werden die körpereigenen Speicher im frühen Verlauf des Rennens zu stark aufgebraucht, so gehen die Energiereserven im späteren Verlauf zur Neige. Ein daraus resultierender Leistungseinbruch gegen Ende der Radstrecke kann dramatische Formen annehmen. Man hat das Gefühl auf der Stelle zu treten! Und der abschließend zu absolvierende Marathonlauf wird dann auch kaum mehr zum Vergnügen werden! Also das Rennen ruhig etwas konservativer angehen und die Speicher möglichst lange schonen!

Auf der *Kurzdistanz* sieht der Fall anders aus, hier fällt das Energiedefizit nicht so hoch aus, so dass auch gegen Ende des Wettkampfs noch genügend Kohlenhydrate aus den Körperdepots zur Energiegewinnung herangezogen werden können. Bei dieser Streckenlänge stellt vor allem die Höhe der individuellen anaeroben Schwelle sowie ein gut funktionierender Kohlenhydratstoffwechsel die leistungsbegrenzenden Faktoren dar.

Die *Mitteldistanz* nimmt eine Zwischenstellung ein: einerseits ist die Höhe der individuellen anaeroben Schwelle ein begrenzender Faktor für eine hohe generelle Leistungsfähigkeit, andererseits sollten aber auch hier die Energievorräte möglichst ökonomisch genutzt werden. Vor allem im Hinblick auf den abschließenden Halbmarathon, der ja noch in einer verhältnismäßig hohen Intensität gelaufen wird und dementsprechend viel Energie über den Kohlenhydratstoffwechsel zur Verfügung gestellt werden sollte.

Nachfolgend werden wir die beiden hauptsächlichen Leistungsbegrenzer näher betrachten. Also einerseits für die kürzeren Distanzen die Höhe der individuellen anaeroben Schwelle (IANS) sowie andererseits den möglichst ökonomischen Energieverbrauch für die längeren Distanzen im Triathlon.

Leistungsbegrenzer IANS

Wir führen die Betrachtung für die olympische Triathlon-Distanz durch. Und zwar für Rennen mit Windschattenverbot. Bei Wettkämpfen, in den das Windschattenfahren erlaubt ist, gelten durch den Einfluss von Konkurrenten andere taktische Richtlinien.

Der Athlet sollte sich während des Wettkampfs möglichst nah an seiner individuellen anaeroben Schwelle (IANS) bewegen. Sie wird auch als „Stundenleistung" bezeichnet und stellt den Bereich dar, der gerade noch über einen längeren Zeitraum aufrecht erhalten werden kann. Geht er mit seiner Intensität über diese Schwelle, so ist dies relativ schnell mit einem darauf folgenden Leistungsverlust verbunden. Laktat häuft sich an, der Sportler muss sein Tempo reduzieren.

Eine langsame Annäherung an die individuelle anaerobe Schwelle stellt die effektivere Variante dar! Das bedeutet, dass sich der Athlet am Anfang jeder Disziplin bewusst etwas zurücknimmt und sich quasi langsam an sein eigentliches Wettkampftempo „herantastet".

Das Schaubild auf der gegenüberliegenden Seite veranschaulicht die Taktik.

Dass sich der Athlet am Anfang der Schwimmstrecke über seiner individuellen anaeroben Schwelle befindet ist dadurch bedingt, dass durch ein schnelles Anschwimmen eine gute Position im Feld erreicht werden soll. Ansonsten kann es passieren, dass die ersten Schwimmer bereits enteilen und kein Wasserschatten mehr gefunden wird. Dieses Vorgehen ist nicht zwingend, hat sich aber durchaus bewährt und wird von vielen Athleten praktiziert. Das schnelle Anschwimmen sollte auf jeden Fall trainiert werden um Laktatverträglichkeit und -abbau zu verbessern.

Zu Beginn des Radfahrens passiert es oft, dass der Athlet etwas zu enthusiastisch loslegt, hier ist es sinnvoll sich am Wattmessgerät zu orientieren und bewusst etwas konservativ zu starten!

Auf der Laufstrecke kann die Intensität im Endspurt dann natürlich auch deutlich über der individuellen anaeroben Schwelle liegen um noch den einen oder anderen Konkurrenten zu überholen und hinter sich zu lassen. Die damit verbundene Laktatanhäufung wird in dieser Rennphase in Kauf genommen.

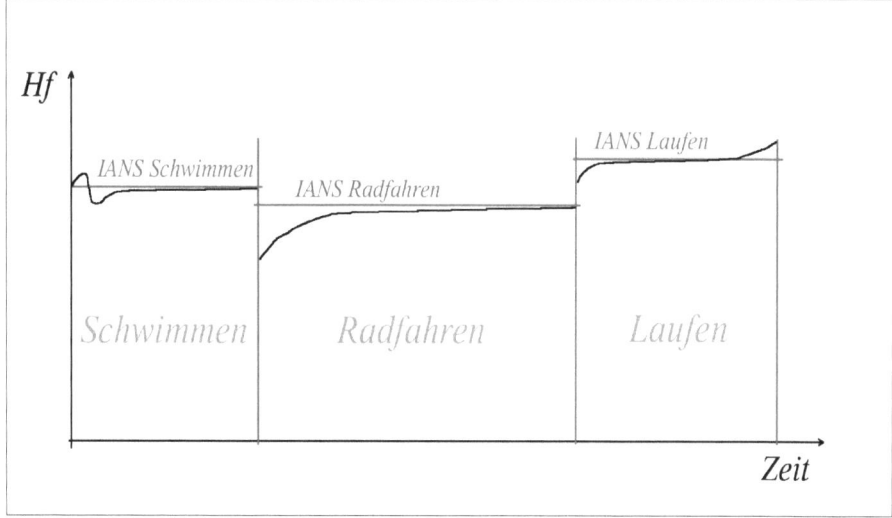

Abb.:   *Renntaktik für Triathlon Kurzdistanz, Windschattenverbot*
       (vgl. http://tv.triathlon-szene.de/index.lasso?Rubrik=Filme,
       Renntaktik: Wie man am schnellsten ins Ziel kommt, 17.11.2008)

Leistungsbegrenzer Kohlenhydratverbrauch

Je länger ein Rennen andauert, desto mehr ist die Leistungsfähigkeit vom Kohlenhydratverbrauch abhängig. Zwar kann man während des Rennens ständig Nahrung zuführen, da der Energieverbrauch aber deutlich höher ausfällt als die maximal mögliche Resorption werden die Speicher im Laufe der Zeit unweigerlich zur Neige gehen. Vor diesem Hintergrund erscheint ein ökonomischer Umgang mit den Energiereserven des Körpers durchaus sinnvoll.

Kohlenhydrat- versus Fettstoffwechsel

Um die Funktion von Kohlenhydrat- und Fettstoffwechsel zu verstehen, müssen wir uns zunächst deren jeweiligen Anteil an der Energiegewinnung in Abhängigkeit von der Belastungsintensität betrachten.

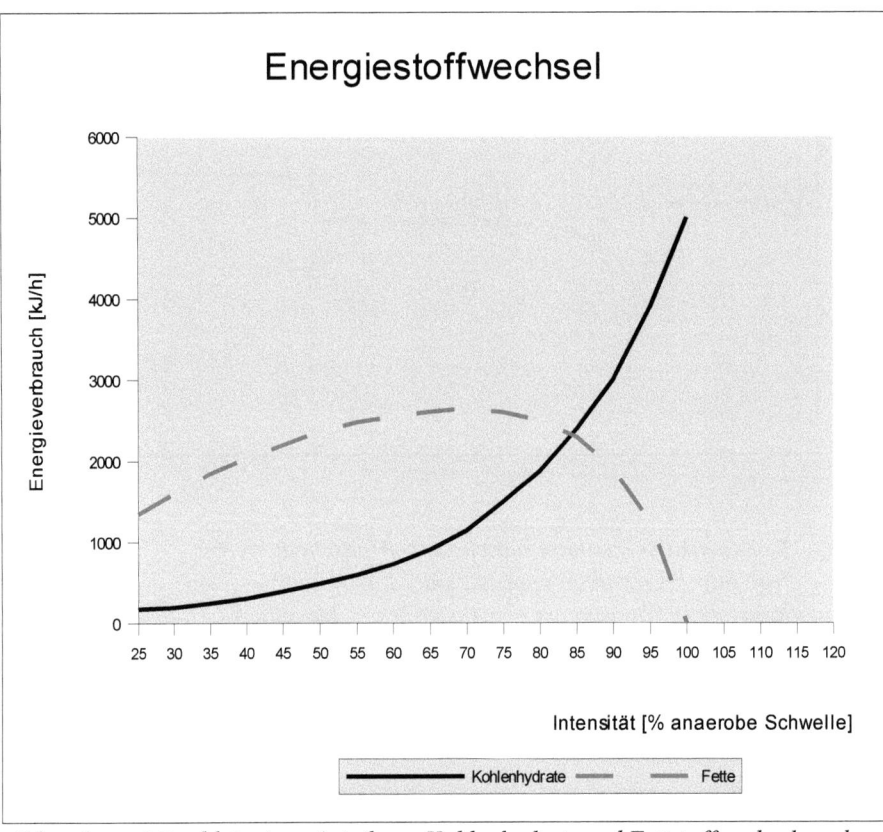

Abb.: Intensitätsabhängiger Anteil von Kohlenhydrat- und Fettstoffwechsel an der Energiegewinnung (vgl. Brings 2007)

Im Schaubild fallen vor allem zwei Dinge auf: Erstens erkennt man, dass der Kohlenhydratstoffwechsel mit höherer Belastungsintensität exponentiell ansteigt. Zweitens sieht man, dass der Anteil des Fettstoffwechsels ab einer bestimmten Belastungsintensität rapide abnimmt.

Wo ist jetzt das optimale Verhältnis von Leistungsoutput und gleichzeitig ökonomischem Umgang mit den Energiereserven?

Es liegt bei einem ausgeglichen Verhältnis beider Stoffwechselwege. Und das ist etwa bei 80-85 Prozent der individuellen anaeroben Schwelle der Fall. Über diesen Bereich sollte man sich bei einer längeren Belastungsdauer nach Möglichkeit nicht begeben. Denn was passiert? Der Anteil des Fettstoffwechsels geht relativ schnell gegen Null, im Gegenzug steigt der Kohlenhydratverbrauch exponentiell an. Das Resultat: die Speichen werden rasend schnell entleert. Im weiteren Verlauf des Rennens fehlen dann genau diese Ressourcen!

Also gilt bei lang andauernden Rennen, dass man Belastungsspitzen unbedingt vermeiden und um eine gleichmäßige Leistungsentfaltung bemüht sein sollte. Und die bewegt sich eben bei etwa 80 bis maximal 85 Prozent der individuellen anaeroben Schwelle. Je besser der Fettstoffwechsel des Athleten trainiert ist, desto höher kann die relative Intensität ausfallen, weniger gut trainierte Athleten sind mit einer Belastungsintensität von deutlich unter 80 Prozent noch besser bedient. Wieder ein Hinweis darauf, dass das Training des Fettstoffwechsels für die Langdistanz eine entscheidende Rolle einnimmt. So kann eine hohe Wettkampfgeschwindigkeit über einen größeren Anteil des Fettstoffwechsels realisiert werden. Das wiederum schont die Kohlenhydratspeicher! Langdistanztriathlon ist zu einem großen Teil effizientes Energiemanagement!

Wie sieht damit die Renntaktik bei lang andauernden Rennen konkret aus?

Zunächst mal ganz ähnlich wie auf der Kurzdistanz. Auch auf der Mittel- und Langdistanz wird beim Anschwimmen aus taktischen Gründen oft eine erhöhte Belastungsintensität in Kauf genommen. Dies gilt natürlich vor allem für die leistungsstärkeren Athleten. Schwächere Schwimmer, oder Athleten, denen es primär um das Finishen und weniger auf die Zeit ankommt, können das Rennen natürlich auch entsprechend konservativer angehen und sich langsam an ihre Wettkampfgeschwindigkeit „herantasten".

Nach einem zügigen Anschwimmen sollte sich der Athlet dann aber auf jeden Fall wieder etwas „zügeln" und sich an seine Schwelle -die in diesem Fall jetzt sein individuell maximal zulässiger Kohlenhydratverbrauch darstellt- annähern.

Der Endspurt im Laufen ist in den meisten Fällen überflüssig, beziehungsweise kann aufgrund der fortgeschrittenen Erschöpfung des Athleten auch nicht mehr realisiert werden.

Eine besondere Bedeutung für das Pacing stellt die Radstrecke dar. Zeitlich nimmt sie den größten Teil in Anspruch und gerade in der ersten Hälfte des Wettkampfs kann man sich das Gesamtergebnis „kaputt" machen indem man es zu forsch angeht.

Wie also sieht die Renngestaltung auf der Radstrecke konkret aus?

Ein gleichmäßiger Rennverlauf ist auch hier die ökonomischste Variante. Durch die voranschreitende Erschöpfung verliert man aber meist gegen Ende des Rennens an Leistungsfähigkeit. Reduziert man in der ersten Phase das Tempo ein wenig, so spart man kostbare Energie, die dann in der zweiten Hälfte der Radstrecke und natürlich auch auf der Laufstrecke zur Verfügung steht. Dargestellt ist dies in der nachfolgende Abbildung.

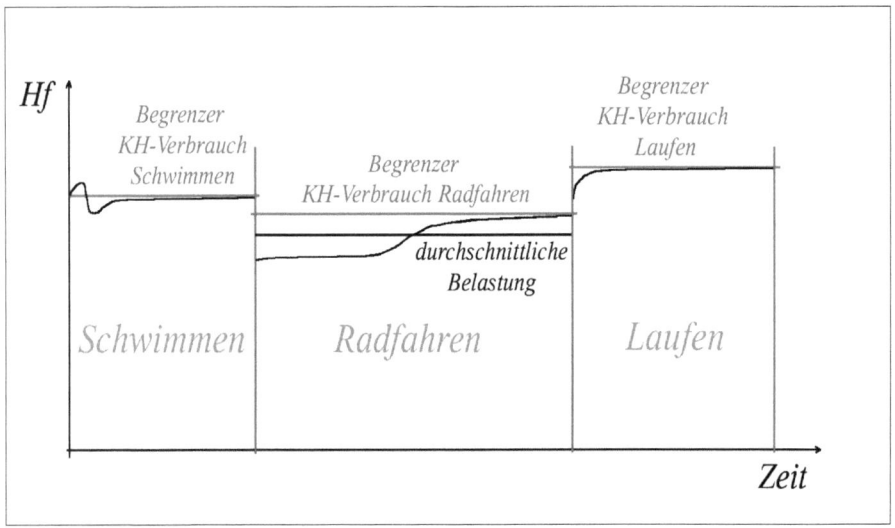

Abb.: Renntaktik für Triathlon Langdistanz (3,8 – 180 – 42km)
(vgl. http://tv.triathlon-szene.de/index.lasso?Rubrik=Filme,
Renntaktik: Wie man am schnellsten ins Ziel kommt, 17.11.2008)

Also sollte man möglichst in der ersten Hälfte der Radstrecke die Belastung etwas zurücknehmen und die Kohlenhydratspeicher schonen, in der zweiten Rennhälfte kann man dann aus größeren Energiereserven schöpfen. Das hat den zusätzlichen Vorteil, dass man weniger erschöpft in den Marathon startet.

Interessant ist in diesem Zusammenhang auch, dass Datenanalysen vom Ironman Hawaii ergaben, dass ein gleichmäßiges kontrolliertes Radtempo die besten Erfolgsaussichten auf ein gutes Gesamtergebnis zeigten. Ein paar Prozent zu viel beim Radfahren bedeuten einen unverhältnismäßig großen Zeitverlust auch später auf der Laufstrecke!

Die folgende Graphik verdeutlicht den Zusammenhang. Dargestellt ist der Gesamtenergieumsatz sowie die Anteile von Radfahren und Laufen in Abhängigkeit von deren Geschwindigkeit. Basis dieser Simulation ist eine gegebene Gesamtzeit für beide Strecken zusammen.

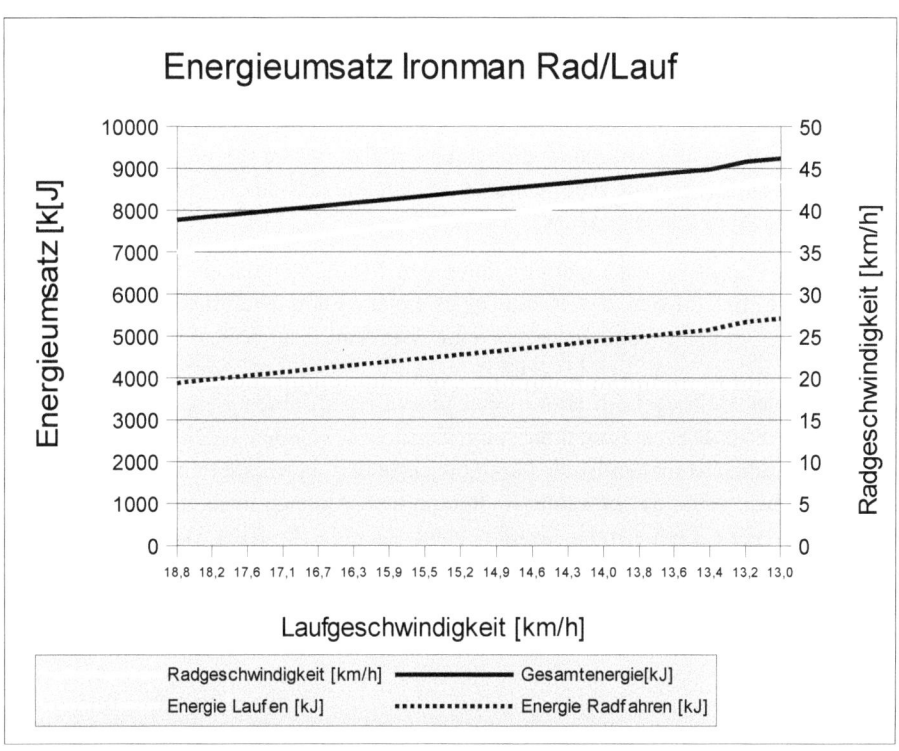

Abb.:   Korrelation Rad- und Laufenergieumsatz
          (http://2peak.com/tools/hawaii3.php, 31.10.2008)

Was folgt aus dieser Betrachtung?

Man sieht, dass der Gesamtenergieumsatz umso niedriger ausfällt je höher die Laufgeschwindigkeit ist. Im Gegenzug nimmt dabei natürlich die Geschwindigkeit auf dem Rad entsprechend ab. Woran liegt das? Vor allem am Luftwiderstand beim Radfahren. Er geht in die energetische Betrachtung in der dritten Potenz ein und damit ist die gewonnene Zeit energetisch sehr „teuer erkauft".

Ein Beispiel: Der Sieger des Ironman Hawaii 2008 Eneko Llanos hat auf der Radstrecke rund 10 Minuten auf die schnellsten Radfahrer eingebüßt. Dadurch konnte er etwa 10 Prozent an Energie gegenüber seinen Konkurrenten einsparen. Da er sich dabei in niedrigerer Belastungsintensität befand, arbeitete natürlich auch sein Fettstoffwechsel effektiver und die Kohlenhydratspeicher wurden geschont. Von den größeren Energiereserven konnte er dann im Laufen profitieren und den Wettbewerb mit einer überragenden Laufleistung eindrucksvoll für sich entscheiden. Betrachtet man die ersten zehn dieses Wettbewerbs, so fällt auf, dass lediglich einer dabei ist, der mit einer schnellen Radzeit glänzen konnte. Alle weiteren zeichneten sich durch „mäßige" Radzeiten und schnelle Laufzeiten aus.

Relativ „schwachen" Läufern unter den Profis bleibt allerdings keine Alternative. Sie müssen das Risiko eines hohen Energieverbrauchs auf der Radstrecke eingehen um überhaupt eine Siegchance zu haben. Diese Taktik hat auch schon zum Erfolg geführt, wie die Siege von Norman Stadler oder Thomas Hellriegel auf Hawaii belegen. In jenen Jahren waren sie aber die mit Abstand stärksten Radfahrer ihrer Zunft und konnten das hohe Tempo auch verkraften. Trotzdem ist die ökonomischste und schnellste Renngestaltung dann gegeben, wenn das gewählte Radtempo dem Athleten noch ermöglicht, dass er seine volle Laufleistung abrufen kann! Gerade für Altersklassenathleten gilt dies umso mehr!

Man kann aus den Betrachtungen somit folgende beiden Schlussfolgerungen ziehen:

- ➡ Das Lauftempo ist der entscheidende Begrenzer für das Gesamtergebnis.
- ➡ Auf dem Rad sollte man möglichst viel Energie für das Laufen einsparen.

Und als Konsequenz ergeben sich damit zwei weitere wichtige Punkte:

➡ Die Energiezufuhr auf dem Rad ist ein wichtiger Gesichtspunkt, so dass man unbedingt auf eine ausreichende Nahrungszufuhr während des Wettkampfs achten sollte.

➡ Die Aerodynamik auf dem Fahrrad nimmt für eine effiziente
und ökonomische Renngestaltung einen großen und damit auch
entscheidenden Einfluss. Diesen Gesichtspunkt werden wir
später noch einer genaueren Betrachtung unterziehen.

Pacing in den Einzeldisziplinen

Als nächstes wollen wir uns den einzelnen Disziplinen näher widmen.

Wie wir aus der vorhergehenden Betrachtung gesehen haben nimmt auf den längeren Distanzen vor allem das Radfahren eine wichtige und entscheidende Rolle ein. Ein zu hoher Energieverbrauch in der frühen Phase des Rennens wird meist gut toleriert und nicht unbedingt bemerkt, wirkt sich dann aber im weiteren Verlauf umso mehr auf die Performance aus!

Schwimmen

Wenn wir vom Kohlenhydratverbrauch sprechen, müssen wir zunächst zwischen zwei Speicherorten des wertvollen Brennstoffs unterscheiden: erstens der Muskulatur und zweitens der Leber. Bei der Belastung werden für die Energieversorgung vorwiegend die Speicher der arbeitenden Muskulatur genutzt. Beim Schwimmen sind das dann vor allem die Speicher der Oberkörpermuskulatur sowie die der Arme. Im weiteren Verlauf des Rennens -also beim Radfahren und Laufen- werden diese dann nicht mehr herangezogen. Man könnte also davon ausgehen, dass man sich beim Schwimmen mehr oder weniger voll ausbelasten und an seine Leistungsgrenze gehen kann.

Aber ganz so einfach ist die Situation nicht. Denn neben dem Muskelglykogen greift der Organismus zusätzlich auf die Speicher in der Leber zu. Und dieser Anteil steigt mit zunehmender Dauer und Intensität. Dazu muss man wissen, dass das Leberglykogen vor allem auch für die Versorgung des Gehirns zuständig ist. Geht es zur Neige entsteht für das Gehirn eine „Notsituation" mit der Folge einer zentralen Ermüdung des Organismus. Das wiederum ist der allgemeinen Leistungsfähigkeit das Athleten abträglich!

Also ist es auch im Schwimmen durchaus klug, etwas weniger Energie zu investieren, um eben diesen Punkt der zentralen körperlichen Ermüdung etwas weiter nach hinten zu schieben. Der Ratschlag lautet also, dass der Athlet zwar um eine konstant hohe Pace bemüht sein sollte, ohne dabei aber an den Punkt zu kommen an dem der Kohlenhydratverbrauch übermäßig stark ansteigt, so dass der Fettstoffwechsel „wegbricht"!

Der Wasserschatten – Drafting im Schwimmen

Im Gegensatz zum Radfahren ist das Drafting -also das Schwimmen im Wasserschatten- bei der ersten Disziplin erlaubt. Wenn man einen Vordermann, der die „richtige" Pace veranschlagt, erwischt so bringt das deutliche Vorteile.

Es gibt zahlreiche Untersuchungen zu dem Thema, den größten Benefit erreicht man indem man maximal einen halben bis einen Meter hinter dem Vordermann herschwimmt, kleinere Effekte ergeben sich aber auch durchaus noch bei größerem Abstand von bis zu drei Metern.

Was kann man erwarten? Manche sprechen von einer Reduzierung des Druckwiderstandes um bis zu 30 Prozent, selbst bei leicht versetztem Schwimmen -die Hand taucht auf Schulterhöhe des Vordermannes ein, der seitliche Abstand beträgt maximal einen Meter- kann man laut Gourley (2014) immer noch einen Gewinn von 20 Prozent verzeichnen! Untersuchungen unter Laborbedingungen lassen sich nicht eins zu eins auf die Wettkampfstrecke übertragen, aber ein Effekt ist trotzdem deutlich spürbar!

Es lohnt sich also! Die Energieeinsparungen, die man durch das Wasserschattenschwimmen erreichen kann, wirken sich positiv auf die Rad- und Laufstrecke aus. Man sollte dabei aber genügend Abstand zum Vordermann halten, nichts ist nerviger als ein Athlet, der dauern auf die Füße des vor ihm Schwimmenden schlägt.

Radfahren

Wie wir bereits festgestellt haben nimmt das Radfahren *DIE* entscheidende Rolle beim effektiven Pacing ein. Hier wird quasi bereits die Grundlage für den abschließenden Lauf gelegt. Das hat auch mit dem Umstand zu tun, dass für eine höhere Geschwindigkeit ein überproportional erhöhter Energieverbrauch notwendig ist. Für eine Verdopplung der Geschwindigkeit ist näherungsweise der achtfache Energiebedarf nötig, das hängt mit der enormen Bedeutung des Luftwiderstandes zusammen, der in dritter Potenz in die Berechnung des Energieaufwands eingeht. Die nachfolgende Grafik verdeutlicht den Zusammenhang.

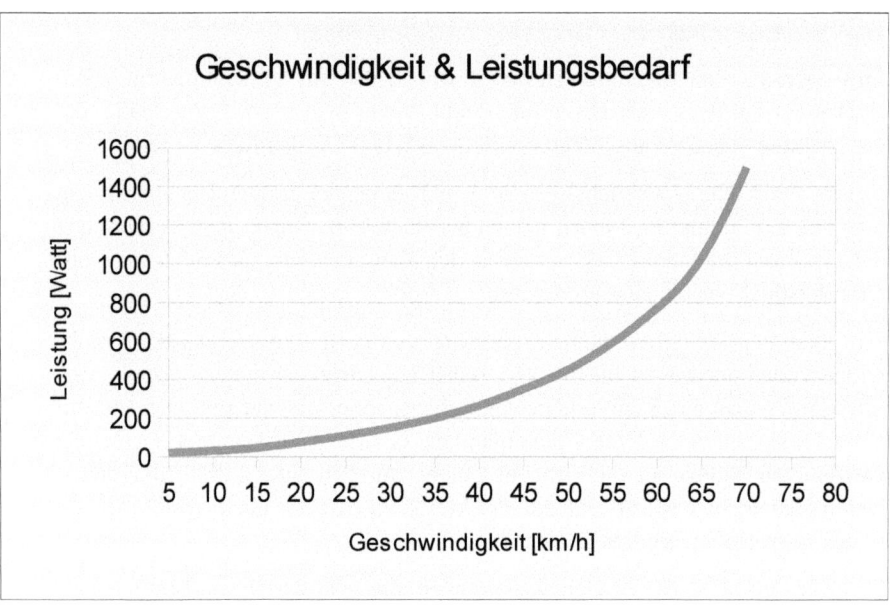

Abb.: Geschwindigkeit und Leistungsbedarf beim Radfahren

Wir halten fest: eine leichte Erhöhung der Fahrgeschwindigkeit führt zu einem überproportional anwachsenden Energiebedarf. Daraus lässt sich auch ableiten, dass ein ungleichmäßiges Renntempo mit ausgeprägten Belastungsspitzen in einem höheren Gesamtenergiebedarf resultiert. Als Maxime für den Athleten gilt daher, dass seine Leistungsabgabe unter ökonomischen Gesichtspunkten möglichst gleichmäßig ausfallen sollte!

Die Frage ist jetzt natürlich wie hoch diese Leistungsabgabe ausfallen darf. Je länger die Strecke desto niedriger sollte diese natürlich sein. Als Bezugswert dient die **Stundenleistung**, die sich im Vorfeld auch sehr gut über den sogenannten Tempodauertest ermitteln lässt.

Genauere Ergebnisse erhält man durch eine individuelle Leistungsdiagnostik im Labor. Hier gibt es zahlreiche gute Anbieter, die in diesem Zusammenhang auch oft eine Analyse und Anpassung der Sitzposition anbieten. Für Triathleten auf jeden Fall eine sinnvolle Investition. So kommen sie schnell und komfortabel über die die Radstrecke.

Der Tempodauertest

Die Leistung an der individuellen anaerobe Schwelle entspricht ziemlich genau der Leistung, die über eine Stunde aufrecht erhalten werden kann. Man spricht deshalb auch von der *„Stundenkapazität"* oder *„Stundenleistung".* So kann man über einen Feldtest einfach und doch präzise seine anaerobe Schwelle bestimmen.

Der Tempodauertest kann prinzipiell auf alle Ausdauersportarten angewendet werden. Ursprünglich kommt er aus dem Radsport, wo er noch eine große Popularität geniest. Seine Durchführung ist einfach und bringt praktikable Ergebnisse mit sich.

Testdurchführung

Nach einem ausgiebigen Aufwärmen mit ein paar integrierten Temposteigerungen beginnt man mit dem eigentlichen Test. Mit der Bezugsgröße Leistung wird er folgendermaßen absolviert:

- 20 min Zeitfahren / Ruderergometer / sonstige Sportart

- Messung des Durchschnittsleistung über die 20 Minuten

Die Leistung an der anaeroben Schwelle entspricht der Leistung, die maximal über eine Stunde erbracht werden kann. Entsprechend subtrahiert man von den ermittelten Leistungswerten, die sich ja aus einem Test über 20 Minuten ergeben, noch 5 Prozent. Erfahrungsgemäß korreliert der ermittelte Werte ganz gut mit der Leistung in einem einstündigen Wettkampf, also der tatsächlichen maximalen Stundenleistung.

Wenn einem der 20 Minuten Test zu lang und aufwendig erscheint, kann man auch auf eine kürzere Testdauer ausweichen, sollte sich aber bewusst sein, dass die Relevanz für die Stundenleistung mit abnehmender Testdauer geringer wird. Als Alternative wird oft ein 8 Minuten Dauertest durchgeführt, entsprechend muss dann vom ermittelten Wert noch zehn Prozent abgezogen werden.

Aus den Werten der individuellen anaeroben Schwelle ergeben sich dann für die Mitteldistanz folgende Vorgaben:

➡ leistungsstarke Athleten: 83 – 86 % der Stundenleistung

➡ mittleres Leistungsniveau: 80 – 83 % der Stundenleistung

➡ leistungsschwächere Athleten: 77 – 80 % der Stundenleistung

Auf der Mitteldistanz ist der Energieverbrauch nicht ganz so kritisch zu sehen wie auf der Langdistanz, daher die etwas „gröberen" Vorgaben. Auf der Langdistanz ist der Sportler dagegen deutlich stärker von seinem Energieumsatz abhängig, hier können sich ein paar Watt zusätzlicher Leistungsaufwand beim Radfahren schon sehr negativ auf den abschließenden Marathon auswirken und zu massiven Leistungseinbrüchen führen! Die nachfolgende Tabelle gibt Anhaltswerte für ein konservative, normale und aggressive Renngestaltung.

Bedenken muss man dabei, dass man sich auf einem sehr schmalen Grad bewegt, schon bei leichter Leistungssteigerung steigt der Energiebedarf überproportional an. Im Kapitel „Leistungsbegrenzer Kohlenhydrate" haben wir gesehen, dass im Bereich von 80-85 Prozent der Stundenleistung der Fettstoffwechsel dramatisch einbricht und der Kohlenhydratstoffwechsel sehr stark ansteigt. Bei einer Leistungsabgabe von 200 Watt im optimalen Bereich können 10 Watt mehr bereits ins Verderben führen!

Radzeit	6:20	6:10	6:00	5:50	5:40	5:30	5:20	5:10	5:00	4:50	4:40
konservativ	66	67	68	69	70	71	72	73	74	75	76
„normal"	68	69	70	71	72	73	74	75	76	77	78
aggressiv	70	71	72	73	74	75	76	77	78	79	80

Tab: Vorgaben für die Leistungsabgabe (in % von der Stundenleistung) für unterschiedliche Radzeiten auf der Triathlon-Langdistanz (180km)

Die angegebenen Werte dienen als Orientierung und Vorgabe unter idealisierten

Bedingungen, bei externen Einflussfaktoren kann man individuell etwas von diesen abweichen. Insbesondere geht es dabei um die Bewältigung von Hügeln oder den Einfluss von Rücken- und Gegenwind. Diese Faktoren wollen wir als nächstes betrachten.

Hügelfahren / Windpassagen

Wir haben ja bereits mehrfach propagiert, dass eine möglichst konstante Leistungsabgabe eine wesentliche Voraussetzung für ein optimales Zeitfahrergebnis darstellt. Unabhängig von der Streckenlänge. Was bedeutet das für das Überfahren von Hügeln, beziehungsweise auch das längere fahren am Berg? Soll die Vorgabe 1:1 übernommen werden? Oder bietet eine leichte Anpassung der Strategie eine bessere Alternative?

Für viele Fahrer ist das typische und gängige Verhalten, dass der bestehende Gang bei beginnender Steigung beibehalten wird und der Athlet kräftig über den Hügel „drüberdrücken" will. Das Resultat: von Meter zu Meter lässt die Kraft immer mehr nach und die langsam aber stetig steigende Anstrengung zwingt den Fahrer irgendwann in einen drastischen Leistungsabfall. Die Geschwindigkeit nimmt rapide ab, der Athlet hat das Gefühl am Berg zu stehen. Schließlich rattert die Kette vorn auf's kleine Kettenblatt und hinten auf die großen Ritzel. Am Scheitelpunkt des Hügels angelangt muss sich der Fahrer zunächst erholen und erst ganz langsam kann er wieder Fahrt aufnehmen. Diese Strategie ist natürlich alles andere als ökonomisch und mit einem enormen Energieverbrauch verbunden.

Wie sieht eine bessere Strategie aus?

Anzustreben ist eine geringe Schwankungsbreite in der Leistungsabgabe, so dass der Fettstoffwechsel noch gut funktioniert und die Kohlenhydratspeicher geschont werden können. Trotzdem ist es an den Bergaufpassagen durchaus auch sinnvoll etwas mehr Energie zu investieren. Warum ist das so? Das hängt mit dem Luftwiderstand zusammen.

Bergauf ist die Geschwindigkeit relativ niedrig und damit fällt auch der Einfluss des Luftwiderstandes entsprechend gering aus. Das bedeutet, dass der Energieaufwand für eine weitere Geschwindigkeitserhöhung relativ niedrig ausfällt. Es lohnt sich also etwas mehr Energie zu investieren. Wir sprechen dabei von fünf, maximal zehn Prozent, da ansonsten der Aufwand wieder zu stark ansteigt und zu viel Energie aus dem Kohlenhydratstoffwechsel bereitgestellt werden muss!

Ein umgekehrtes Szenario ergibt sich bei den Bergabpassagen. Hier ist die Geschwindigkeit bereits entsprechend hoch, der Einfluss des Luftwiderstandes fällt deutlich größer aus, so dass auch der Energieaufwand für jede weitere kleine Geschwindigkeitserhöhung deutlich größer ausfällt! Jetzt lohnt es sich durchaus auch mal 5-10 Prozent weniger Leistung zu treten als im Durchschnitt angestrebt! Der „Zeitverlust" ist minimal, die eingesparten Energiereserven wiegen dies auf jeden Fall auf!

Und bei Windsituationen sieht es entsprechend aus. Bewegt man sich bei Rückenwind bereits etwas schneller, so fällt der Energiebedarf für eine weitere Geschwindigkeitssteigerung enorm hoch aus. Dabei wirken sich vor allem auch die Laufräder auf den ansteigenden Leistungsbedarf aus. Was das Laufrad aus aerodynamischer Sicht besonders interessant macht ist die Tatsache, dass die anströmende Luft am äußeren Umfang eines rotierenden Laufrades die doppelte Fahrgeschwindigkeit erreicht. Dies rührt daher, dass sich am oberen Punkt die Rotationsgeschwindigkeit des Laufrades zur Fahrgeschwindigkeit hinzuaddiert. An der Aufstandsfläche auf der Fahrbahnoberfläche ist die Situation eine andere. Die Rotationsgeschwindigkeit wirkt hier entgegen der Fahrgeschwindigkeit, die relative Geschwindigkeit wird null. Der Einfluss auf den Luftwiderstand damit natürlich auch. Und wie wir bereits festgestellt haben, erhöht sich der Leistungsbedarf mit steigender Geschwindigkeit in der dritten Potenz. In der Zeichnung auf der gegenüberliegenden Seite erkennt man ganz gut, dass fast der gesamte Leistungsbedarf für die Fortbewegung im oberen Drittel des Laufrades entsteht. Daraus kann man folgern, dass gerade bei Rückenwind, bei dem die Fahrgeschwindigkeit ja bereits recht hoch ist, ein deutlich größerer Aufwand für eine weitere Geschwindigkeitserhöhung aufzubringen ist als bei Gegenwind. Der Ratschlag lautet daher: bei Gegenwind ruhig etwas mehr Energie investieren, bei Rückenwind dagegen etwas weniger um die Energiespeicher zu schonen. Immer im Rahmen der bereits erwähnten fünf bis maximal zehn Prozent gegenüber der anvisierten Durchschnittsleistung über die gesamte Distanz.

Als noch einmal verallgemeinernd:

„Investiere etwas mehr (5%) wo Du Dich langsam fortbewegst,

investiere etwas weniger (5%) wo Du Dich eh schon schnell fortbewegst!"

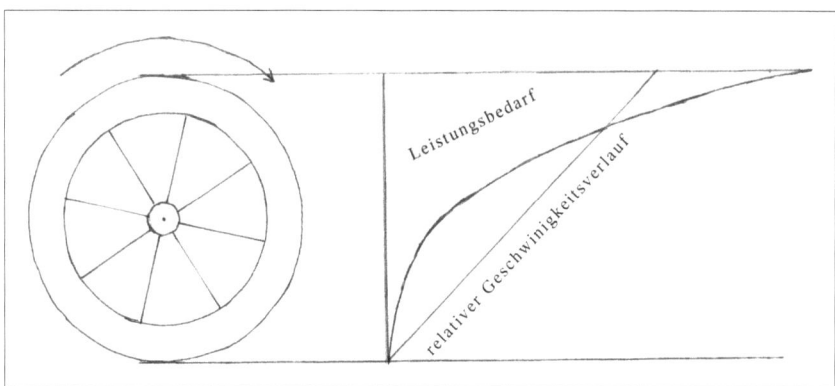

Abb.: Geschwindigkeitsverlauf und Leistungsbedarf am rotierenden Laufrad

Laufen

Für das Laufen eine konkrete Pacingstrategie aufzustellen fällt ungleich schwerer als für die Radstrecke. Beim Radfahren lässt sich das Pacing sehr präzise über eine Leistungsmessung regulieren, beim Laufen fällt dies weg. Zwar gibt es bereits erste Systeme für die Leistungsmessung, trotz allem ist die Umsetzung einer konkreten Strategie über die Leistungsmessung schwierig. Das mögliche Lauftempo ist sehr stark von den verbliebenen Energiereserven abhängig. Und die wiederum hängen von den beim Radfahren „verpulverten" Ressourcen ab. Trotzdem können ein paar allgemeine Ratschläge helfen.

Mitteldistanz

Auf der Mitteldistanz geht man im Normalfall davon aus, dass auch für die Laufdistanz ein großer Teil der Energiegewinnung noch über den Kohlenhydratstoffwechsel abgedeckt werden kann. Trotzdem ist es ratsam sich direkt nach dem Wechsel auf den ersten ein, zwei Kilometern von unten an sein Wettkampftempo anzunähern.

Langdistanz

Auf der Langdistanz sieht es etwas anders aus: die Kohlenhydratspeicher sind bereits zu Beginn der Laufstrecke stark reduziert, der Fettstoffwechsel spielt entsprechend eine weitaus größere Rolle.

Generell ist es so, dass das Rennen meist zwischen Kilometer 5 und 20 „vergeigt" wird: Nach etwas holprigem Beginn am Anfang der Laufstrecke kommt man oft in einen „Flow" und lässt sich zu einem zu hohen Tempo verleiten. Gerade in diesem Bereich ist es ratsam sich selbst zu drosseln und etwas langsamer zu laufen als man könnte.

Schwierig wird es meist auf den letzten zehn Kilometern. Hier kann man noch enorm viel Zeit verlieren. Wichtig ist in dieser Phase, dass das Rennen nicht „aufgegeben" und die Strecke nur noch spazierend absolviert wird. Der Zeitverlust ist enorm! Selbst mit lockerem traben „rettet" man sich noch mit einer „ordentlichen" Zeit ins Ziel. Dazu ein Rechenbeispiel: reduziert sich der Kilometerschitt auf den letzten zehn Kilometern durch lockeres traben um zwei Minuten -also z.B. von 5:30 Minuten pro Kilometer auf 7:30, so verliert man 20 Minuten auf seine zuvor anvisierte Endzeit. Geht man stattdessen nur noch, so reduziert sich die Zeit auf 10:00 bis 12:00 Minuten pro Kilometer. Der Zeitverlust auf den letzten 10 Kilometern beträgt dann enorme 45 bis 65 Minuten! Also lieber langsam joggen als gehen!

Dazu ein weiteres Rechenbeispiel: Geht man den Marathon konservativ an und läuft z.B. mit einem Schnitt von 5:30 Minuten pro Kilometer komplett durch, so beträgt die Marathonzeit 3:51:00. Ein Athlet, der sich gut fühlt, mit einem Schnitt von 5 Minuten pro Kilometern bis Kilometer 32 unterwegs ist, dann einbricht und den Rest der Strecke größtenteils gehend absolviert, verliert so viel Zeit, dass seine Marathonzeit nur noch 4:10 beträgt!

Also lieber zu Beginn etwas langsamer laufen und geduldig sein! Sind noch genügend Energiereserven vorhanden, so ist es immer noch möglich auf der zweiten Hälfte der Marathonstrecke zu beschleunigen! Das Endergebnis wird in den allermeisten Fällen besser ausfallen!

Kilometerschnitt	5:00 / km	5:30 / km
Zeit bis km 32	2:40:00	2:56:00
Kilometerschnitt letzte 10 km	9:00 / km	5:30 / km
Zeit für letzte 10 km	1:30:00	0:55:00
Gesamtzeit 42 km	4:10:00	3:51:00

Tab: Zeitbedarf bei unterschiedlichem Rennverlauf

Die unmittelbare Wettkampfvorbereitung

Die unmittelbare Wettkampfvorbereitung umfasst die letzten ein, zwei Wochen vor dem Wettkampf, man spricht gemeinhin auch vom Tapering. Das Training ist absolviert, die generelle Leistungsfähigkeit kann zu diesem Zeitpunkt nicht mehr wesentlich gesteigert werden. Jetzt gilt es die erarbeitete Form mit optimaler Frische und Leistungsbereitschaft am Wettkampftag zu kombinieren.

Taperstrategie

Die letzten Wochen vor dem großen Haupt-Wettkampf sind für die Umsetzung des Trainings der vorausgegangenen Monate entscheidend. Die Grundlagen sind geschaffen, in dieser Phase geht es darum, diese für die optimale Wettkampfform auszuprägen.

Die Phase der unmittelbaren Wettkampfvorbereitung wird auch als Peak- oder *Taperphase* bezeichnet und erstreckt sich über etwa 7-14 Tage. Generell kann man als Richtlinie die folgenden Ratschläge geben:

➡ Je länger die Vorbereitungsperiode war und je besser damit die konditionellen Grundlagen gelegt wurden, desto länger kann die Taperphase ausfallen.

➡ Je länger die Wettkampfdistanz ist, desto länger fällt auch die Taperphase aus.

➡ Je älter und trainingserfahrener der Athlet ist, desto länger sollte die Taperphase sein.

In dieser Phase wird die physische und psychische Form des Athleten optimiert und auf höchstmöglichem Niveau ausgeprägt. Wichtig ist in dieser Phase vor allem die Regeneration um erholt und frisch an den Start zu gehen! Trotzdem sollte regelmäßig trainiert werden um den Organismus auf „Betriebstemperatur" zu halten und leistungsbereit zu bleiben!

Wie geht man die letzten Wochen vor dem Wettkampf am besten an?

Im Prinzip gibt es drei Trainingsparameter, an denen Änderungen möglich sind. Man handhabt es folgendermaßen:

- ➡ die ***Trainingshäufigkeit*** behält man weitestgehend bei.

- ➡ die ***Trainingsintensität*** behält man ebenfalls bei, die Trainingseinheiten spielen sich vor allem im Wettkampftempo -bis leicht darüber- ab.

- ➡ die ***Trainingsdauer*** der einzelnen Einheiten wird mehr und mehr reduziert, die letzte Woche vor dem Wettkampf dient dann vor allem der Regeneration und Aktivierung mittels kurzer Intervalle an der anaeroben Schwelle.

Es geht vor allem darum, sich über die letzten Wochen vor dem entscheidenden Haupt-Wettkampf einen *„**Regenerationsüberschuss**"* zu erwirtschaften.

Wie wird das konkret umgesetzt?

Im Prinzip sind zwei unterschiedliche Strategien möglich: eine progressive oder eine nicht progressive Reduktion der Trainingsbelastung. Die progressive Reduktion kann linear oder exponentiell erfolgen. Somit ergeben sich letztendlich drei Varianten.

Wie aus der Abbildung auf der gegenüberliegenden Seite deutlich ersichtlich ist, beinhaltet die linear progressive Strategie eine höhere Trainingsbelastung als die exponentielle. Untersuchungen (Banister / Zarkadas 1999) zeigen eine deutliche Überlegenheit der exponentiellen Strategie, die mit einer Steigerung der wettkampfspezifischen Leistungsparameter um vier bis fünf Prozent aufwartet, während sich das bei einer stufenförmigen Taperstrategie lediglich im Bereich von ein bis eineinhalb Prozent bewegt. Immer beachten sollte man hierbei jedoch die oben angeführten Punkte, vor allem auch die Länge der vorher absolvierten Vorbereitungsperiode und die Basis der konditionellen Grundlagen.

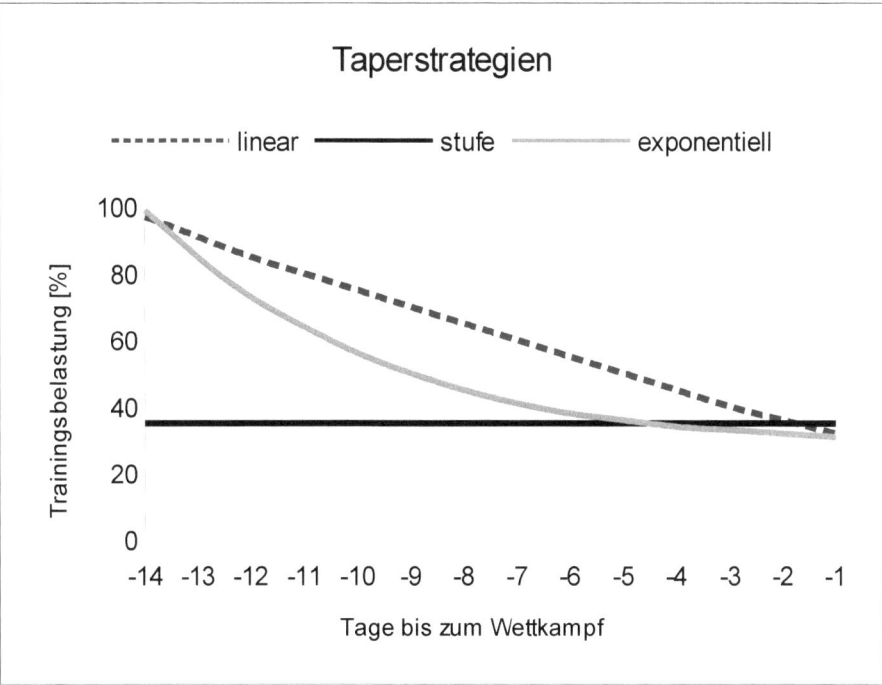

Abb.: unterschiedliche Taperstrategien

Die vorgestellten Strategien können letztendlich nur als Orientierung dienen. Die Taperphase hat viel mit Erfahrung und den individuellen Voraussetzungen des Athleten zu tun. Gerade in dieser Phase muss der Athlet auf seinen Körper hören und im Laufe der Zeit Erfahrungen sammeln, welches für ihn die individuell beste Strategie der unmittelbaren Wettkampfvorbereitung darstellt.

Tapering über die Trainingsbelastung

Um das Tapering über die Trainingsbelastung zu verstehen müssen wir zunächst ein paar grundlegende Parameter und deren Zusammenhänge erläutern.

Indem Trainingsdaten protokolliert und ausgewertet werden, kann der physische Stress, der aus einem Training resultiert, bewerten werden. Das kann sowohl die Trainingsplanung als auch die Wettkampfvorbereitung unterstützen.

Wie kann man Trainingsstress am besten quantifizieren?

Grundsätzlich lässt sich die physische Trainingsbelastung aus der Kombination folgender Parameter ermitteln:

- Trainingsintensität
- Trainingsdauer
- Trainingshäufigkeit

Aus der Kombination der ersten beiden Parameter ergibt sich sich für eine einzelne Trainingseinheit eine konkrete Belastung, wir sprechen in diesem Zusammenhang vom ***TSS*** (***Training-Stress-Score***), einem der wichtigsten Parameter zur Steuerung des Trainings.

Ergänzt um den Parameter Trainingshäufigkeit kann dann ein Wert für die aktuelle Trainingsbelastung errechnet werden. Dafür verwendet man einen gewichteten gleitenden Durchschnitt über die letzten sieben Tage und spricht von der akuten Trainingsbelastung (***ATL: Acute-Training-Load***).

Um die längerfristige Trainingsbelastung (chronische Trainingsbelastung) zu bewerten, nimmt man den gewichteten gleitenden Durchschnitt der letzten 42 Tage (***CTL: Chronic-Training- Load***).

Setzt man CTL und ATL zueinander in Bezug, so kann man sehr gut abschätzen, wie hoch die momentane Trainingsbelastung für den Athleten ist. Man spricht von der ***Training-Stress-Bilanz (TSB)***.

Trainingsbelastung

Wie erwähnt, resultiert der physische Trainingsstress aus der Kombination der Parameter Trainingsintensität, -dauer und -häufigkeit. Schauen wir uns nachfolgend genauer an wie sich Trainingsbelastungen konkret bewerten lassen.

Der Training-Stress-Score (TSS)

Der Stress, der durch eine einzelne Trainingseinheit ausgelöst wird, hängt von deren Dauer und der absolvierten Intensität ab. Das bedeutet, dass je länger und/oder intensiver trainiert wird, umso höherer Belastung der Organismus ausgesetzt ist.

Um den Trainingsstress objektiv beurteilen zu können, wird ein Referenzwert benötigt. Wir greifen auf die bereits bekannte Stundenleistung des Athleten zurück, also den so genanten FTP-Wert (Functional-Threshold-Power), der der Leistung an der individuellen anaeroben Schwelle entspricht. Eine Stunde Training an der FTP entspricht dabei genau einem TSS-Wert von 100. Die zugehörige Formel lautet:

$$TSS = \left[\frac{BD \times NP \times IF}{FTP \times 3600} \right] \times 100$$

BD = Belastungsdauer (s)
NP = normalisierte Leistung (Watt)
IF   = Intensitätsfaktor
FTP = Schwellenleistung (Watt)

Um die Formel zu verstehen, müssen wir zunächst zwei weitere Werte klären, den der normalisierten Leistung und den Intensitätsfaktor.

Normalisierte Leistung (NL)

Jedes Training ist von einer variierenden Belastung gekennzeichnet. Beim Intervalltraining ist das recht offensichtlich: Phasen mit hoher Intensität wechseln sich mit Phasen reduzierter Belastung ab. Aber auch beim Training nach der Dauermethode variiert die Belastung immer ein wenig. Und während eines Wettkampfes sieht es ähnlich aus: Taktische Gesichtspunkte, etwa das Verhalten der Konkurrenten, können die Leistungsabgabe innerhalb kürzester Zeit stark beeinflussen. Daher ist es äußerst schwierig, von der durchschnittlich erbrachten Leistung während des gesamten Trainings, beziehungsweise Wettkampfs, auf die tatsächliche metabolische Belastung des Athleten zu schließen. Um diese besser beurteilen zu können, hat sich die Ermittlung der sogenannten normalisierten Leistung als hilfreich erwiesen. Sie erfasst und gewichtet zwei wesentliche Gesichtspunkte:

➡ die erbrachte Leistung wird in ihrem Verlauf geglättet

➡ die erbrachte Leistung wird gewichtet

Vor allem der zweite Gesichtspunkt unterscheidet die normalisierte Leistung damit wesentlich von der Berechnung der Durchschnittsleistung und entspricht daher auch besser der wahren metabolischen Belastung bei variierender Leistungsabgabe.

Am Beispiel eines intensiven Intervalltrainings mit relativ langen Pausen lässt sich dies sehr gut veranschaulichen: Bedingt durch die langen Erholungsphasen zwischen den Intervallen ergibt sich eine relativ niedrige Durchschnittsleistung. Dies deutet eigentlich auf ein „erholsames" Training in niedriger Intensität hin. Und das obwohl die Belastung in den intensiven Intervallphasen enorm war! Und genau hier schafft die normalisierte Leistung Abhilfe indem die intensiven Leistungsanteile stärker gewichtet werden. Das Resultat: die normalisierte Leistung fällt wesentlich höher aus als die Durchschnittsleistung.

Das Gegenteil des intensiven Intervalltrainings stellt ein konstantes Ausdauertraining nach der Dauermethode dar: hier wird während der gesamten Zeit mit annähernd derselben Leistung trainiert. Das bedeutet, dass Durchschnitts- und normalisierte Leistung im Idealfall nahezu identisch sind. Um so näher sie beieinander liegen, desto gleichmäßiger und ökonomischer war die Leistungsabgabe! Der Vergleich von normalisierter und Durchschnittsleistung deckt somit auch eine unregelmäßige und damit unökonomische Leistungsentfaltung auf.

Anders ausgedrückt, entspricht die normalisierte Leistung der Leistung und damit indirekt auch der körperlichen Belastung, die sich ergeben hätte, wenn sich der Athlet während seines kompletten Trainings oder Wettkampfs exakt mit dieser Leistung belastet hätte. Damit stellt die normalisierte Leistung ein besseres quantitatives Belastungsmaß als die Durchschnittsleistung dar.

Die Berechnung der normalisierten Leistung gestaltet sich etwas komplizierter, Softwaretools zur Trainingssteuerung übernehmen diese Aufgabe. Auch moderne Radcomputer zeigen die normalisierte Leistung an.

Intensitätsfaktor (IF)

Der Intensitätsfaktor dient als Hilfsmittel zur Beurteilung der momentanen individuellen metabolischen Belastung.

Die Berechnung des Wertes gestaltet sich recht einfach: Die normalisierte Leistung wird in Bezug zur Leistung an der individuellen anaeroben Schwelle gesetzt.

$$IF = \frac{NP}{FTP}$$

Aus der nachfolgenden Tabelle können die entsprechenden Vorgaben für die unterschiedlichen Trainingsbereiche entnommen werden:

Trainingsbereich	IF
1: aktive Regeneration	< 0,75
2: Ausdauertraining	0,75 – 0,85
3: Tempotraining	0,85 – 0,95
4: Schwellentraining	0,95 – 1,05
5: VO$_{2max}$ Training	1,05 – 1,15
6/7: anaerobes/neuromuskuläres Training	> 1,15

Tab.: Trainingsbereiche und dazugehörige Intensitätsfaktoren

Nutzt man eine gängige Analysesoftware, so werden die Werte für NP, IF und TSS automatisch berechnet.

Um jetzt aus den gewonnenen Daten die wöchentliche Trainingsbelastung zu bestimmen, summiert man einfach die TSS Werte der einzelnen Trainingseinheiten auf. Da sich der TSS aus der Kombination aus Trainingsdauer und -intensität ergibt, lassen sich sowohl umfangs- als auch intensitätslastige Trainingsphasen in ihrer Auswirkung auf das Stresslevel und den Regenerationsbedarf vergleichen. Je nach Leistungsvermögen und Trainingszustand können Athleten unterschiedliche wöchentliche Trainingsbelastungen tolerieren.

TSS abschätzen

Wie wir in der Berechnungsformel des TSS sehen, basieren die Werte auf Leistungsdaten von Wattmessgeräten. Im Radsport ist die Verwendung von Leistungsmessern schon länger gebräuchlich und eigentlich für eine präzise Trainingssteuerung unverzichtbar.

Im Laufsport gibt es auch bereits erste Systeme, die sich auch immer größerer Beliebtheit erfreuen. Aber im Schwimmen und ergänzenden Trainingseinheiten kann man nur sehr schwer oder eventuell auch gar nicht auf Leistungsdaten zurückgreifen.

Die Frage ist jetzt: Können trotzdem TSS-Werte einzelner Trainingseinheiten bestimmt werden?

Man kann TSS-Werte einzelner Trainingseinheiten auch mit Hilfe der Herzfrequenz oder der gefühlten Anstrengung nach der (modifizierten) Borg-Skala „abschätzen", die Werte weisen allerdings nicht dieselbe Genauigkeit auf wie die mit Leistungsdaten ermittelten.

Für ein gleichmäßiges Dauertraining können die TSS-Werte aus der folgenden Tabelle gelesen und mit der Zeitdauer multipliziert werden.

Borg (1-10)	HR-Zone	TSS (min)	TSS (h)
1	1	0,35 – 0,50	20 - 30
2	1	0,50 – 0,65	30 - 40
3	1	0,65 – 0,80	40 - 50
4	2	0,80 – 1,00	50 - 60
5	2	1,00 – 1,15	60 - 70
6	3	1,15 – 1,30	70 - 85
7	4	1,30 – 1,65	85 - 100
8	5	1,65 – 1,85	
9	6	1,85 – 2,20	
10	7	> 2,20	

Tab.: geschätzte TSS nach Herzfrequenz / gefühlter Anstrengung

Für ein Intervalltraining ist es etwas komplizierter, hier müssen die Belastungs- und Entlastungsphasen einzeln berechnet und anschließend aufsummiert werden.

Ein Trainingsbeispiel für ein Intervalltraining mit 3x5min an der anaeroben Schwelle mit jeweils 3 min aktiver Pause soll den Umstand verdeutlichen:

	Borg	TSS (min) x min	TSS (gesamt)
10 min warm-up	2	0,6 x 10	6
5 min	7	1,5 x 5	7,5
3 min	2	0,6 x 3	1,8
5 min	7	1,5 x 5	7,5
3 min	2	0,6 x 3	1,8
5 min	7	1,5 x 5	7,5
10 min cool down	2	0,5 x 10	5
Summe:			37,1

Das Trainingsbeispiel ergibt somit in Summe einen TSS von 37,1.

TSS und HIIT

Bei der Stressbewertung von hochintensivem Intervalltraining (HIIT) kommt der TSS an seine Grenzen.

Um dieses Limit zu verstehen, müssen wir uns die Basis der TSS Kalkulation ansehen.

Der TSS errechnet seinen Wert auf Grundlage der FTP, also der maximalen Leistung, die der Athlet über eine Stunde erbringen kann. Demgegenüber hängt hochintensives Intervalltraining von der maximalen Leistungsabgabe über einen sehr kurzen Zeitraum ab. Und die kurzzeitige Leistungsfähigkeit ist nicht unmittelbar von der Stundenleistung abhängig. Die wesentlich wichtigeren Parameter für die kurzfristige Leistungsabgabe sind Muskelfaserzusammensetzung, Kraft, anaerobe Glykolyse und neuromuskuläre Koordination. Eine FTP abhängige Metric zur Bewertung hochintensiven Trainings zu verwenden, untergräbt gewissermaßen die Relation zwischen niedrig und hochintensivem Training.

Ein Beispiel aus dem Radtraining soll die Problematik verdeutlichen:

Gehen wir von der Annahme aus, dass wir zwei Fahrer mit einer identischen FTP haben. Fahrer A ist eine „Sprintertyp" mit einer wesentlich höheren maximale Leistungsfähigkeit während kurzer Belastungen. Beide Athleten absolvieren ein hochintensives Intervalltraining mit 8x30 Sekunden maximaler Leistung. Dabei wird Fahrer A eine wesentlich höhere durchschnittliche Leistung aufbringen können und damit natürlich auch einen höheren TSS-Wert generieren. Und das obwohl Fahrer B in den Belastungsphasen ebenfalls versucht hat, seine maximale Leistung zu erbringen. Man sollte eigentlich davon ausgehen, dass beide Fahrer dem selben Stress ausgesetzt sind, schließlich haben sie beide ihr individuell maximal Mögliches gegeben.

Schauen wir uns das Ganze von der anderen Seite an: Um für Fahrer A denselben (rechnerischen) TSS-Wert zu generieren, muss er seine Intervalle mit denselben absoluten Leistungswerten durchführen wie Fahrer B. Gemessen an seinem Leistungsvermögen absolviert er sie aber natürlich nicht mehr mit maximaler Intensität. Wir haben also denselben errechneten TSS-Wert, der Stress auf den Organismus wird von den Athleten wohl trotzdem unterschiedlich wahrgenommen und verarbeitet werden!

Der beschriebene Umstand sollte bei der Betrachtung des TSS berücksichtigt werden:

➡ Da kurzzeitige Leistungsabgabe und FTP nicht unmittelbar von einander abhängig sind, sollte die FTP nicht als Basis für die Leistungsvorgabe oder Berechnung des TSS bei hochintensiven (kurzzeit-) Intervallen verwendet werden.

➡ Für den Athleten ist es hilfreich, wenn er seinen „Typ" kennt und bei überdurchschnittlich hoher oder niedriger relativen Kurzzeitleistungsfähigkeit seinen TSS- Wert entsprechend nach oben oder unten korrigieren kann.

Für das hochintensive Intervalltraining ist der beabsichtigte Stress auf den Körper entscheidend, nicht der absolute TSS-Wert!

TSS ist ein hervorragender Parameter um die Trainingsbelastung zu bewerten, hat aber auch seine Limiten. Mit dem Verständnis um diese Einschränkung kann man trotzdem das volle Potenzial dieses Parameters für seine Bedürfnisse nutzen!

Akute Trainingsbelastung (ATL)

Die akute Trainingsbelastung ist ein Maß dafür, welcher Belastung sich der Athlet in den letzten Tagen ausgesetzt hat. Normalerweise nutzt man dafür den sogenannten exponentiell gewichteten gleitenden Durchschnitt der täglichen TSS-Werte der letzten sieben Tage. Das bedeutet, dass die Trainingsbelastung der letzten zwei Wochen abgebildet wird und dabei die näher zurückliegenden Tage stärker berücksichtigt werden.

Chronische Trainingsbelastung (CTL)

Ähnlich der akuten Trainingsbelastung verhält es sich mit der chronischen. Der Zeitraum, der hier normalerweise bei der Berechnung berücksichtigt wird sind allerdings 42 Tage, so dass letztendlich die Trainingsbelastung der letzten drei Monate in die gewichtete Bewertung einfließt.

Softwareprogramme, die TSS, ACL und CTL in der Trainingsplanung unterstützen, bestimmen die jeweiligen Werte automatisch.

Mit den drei dargestellten Analyseparametern TSS, ATL und CTL können wir die Leistungsfähigkeit des Athleten steuern und eine optimale Wettkampfform entwickeln. Wie das in der Praxis speziell für das Tapering aussieht sehen wir im weiteren Verlauf dieses Kapitels.

Leistungspotenzial, Ermüdung und Form

Bei der chronischen Trainingsbelastung handelt es sich um einen kumulierten Effekt über einen längeren Zeitraum. Es gilt ein Maß dafür zu finden, bei dem der Athlet über einen längeren Zeitraum einer möglichst hohen Trainingsbelastung ausgesetzt ist, ohne damit gleichzeitig überlastet zu werden. Profisportler mit langjährigem Leistungstraining „vertragen" dabei natürlich deutlich höhere Werte als Trainingsanfänger. Die Steigerungsraten von Jahr zu Jahr sollten maximal fünf bis zehn Prozent betragen.

Im Gegensatz zur CTL wird die ATL über einen kürzeren Zeitraum kumuliert, hier können auch auf niedrigerem Leistungsniveau deutlich höhere Werte toleriert werden. Zumindest über einen kurzen Zeitraum! Einer hohen ATL sollte dann aber immer eine Regenerationsphase angefügt werden um den Athleten langfristig nicht zu überlasten. Denn liegt die ATL zu lange über der CTL so besteht immer die Gefahr von Überlastung und Übertraining.

Phasen mit hoher ATL bauen langfristig die CTL auf und erhöhen das generelle Leistungspotenzial. Sie verursachen aber auch kurzfristig eine starke Ermüdung. Vereinfacht ausgedrückt kann man sagen: die CTL ist ein Maß für das Leistungspotenzial des Athleten, die ATL ein Maß für die momentane Ermüdung -oder positiv ausgedrückt: Frische- des Athleten.

Die Kunst der Trainingssteuerung besteht nun darin, die beiden Komponenten in einen optimalen Einklang zu bringen: einerseits um den Athleten langfristig in seiner Leistungsfähigkeit immer weiter zu entwickeln, andererseits ihn aber auch nicht zu überlasten und ihn am Wettkampftag in optimaler Form an den Start zu bringen.

Um die Form des Athleten zu steuern, können wir uns eines weiteren Parameters bedienen, der so genannten Training-Stress-Balance (TSB).

Training-Stress-Balance (TSB)

Um die Leistungsfähigkeit zum Wettkampf hin zu entwickeln, also in optimaler „Form" am Wettkampftag am Start zu stehen, nutzen wir sowohl die akute als auch die chronische Trainingsbelastung zur Bewertung der Form. Indem wir die beiden Parameter zueinander in Beziehung setzen, können wir den momentanen Trainingsstress und die damit verbundene Ermüdung/Frische bestimmen. Dies machen wir mit der Training-Stress-Balance (TSB).

Die TSB ist die Bilanz der Trainingsbelastung, wir subtrahieren einfach den Wert der akuten Trainingsbelastung von dem der chronischen.

$$TSB = CTL - ATL$$

So sehen wir, ob der Athlet in letzter Zeit, im Vergleich zu seiner längerfristigen Trainingsbelastung, einem größeren oder geringeren Stresslevel ausgesetzt ist. Damit ist der TSB-Wert ein Indikator dafür, wie momentan die Voraussetzungen dafür gegeben sind, dass das volle Leistungspotenzial des Athleten auch abgerufen werden kann.

Steuerung der Form

Die Form des Athleten ergibt sich aus dem ausgewogenen Verhältnis von Leistungspotenzial und Frische zum gegebenen Zeitpunkt:

$$Form = Leistungspotenzial + Frische$$

Das Leistungspotenzial wird über die CTL über einen längeren Zeitraum entwickelt.

Die TSB zeigt, wie ausgewogen Trainingsbelastung und Regeneration in der jüngsten Vergangenheit ausgefallen sind. Ist die TSB positiv, deutet dies auf eine größere Frische hin, ist sie negativ, deutet es auf Ermüdung hin.

So können wir die Form über die akute und chronische Trainingsbelastung zum Wettkampf steuern und entwickeln. Die Kunst besteht darin, die Kombination von CTL und TSB zu finden, bei der dann am Wettkampftag die maximale Leistung abgerufen werden kann. Da die CTL über einen längeren Zeitraum aufgebaut wird, wird die TSB vor allem über akute Trainingsmaßnahmen und die daraus resultierende ATL gesteuert. Die Frage ist lediglich die, wie der optimale Wert für die TSB ausfallen sollte!

Laut Allen und Coggan, die bei ihren Untersuchungen auf Daten von rund 200 Athleten zugriff hatten, liegt der optimale Wert der TSB zwischen -5 und +15.

Das bedeutet, dass die meisten Athleten sehr gute Wettkampfergebnisse ablieferten, wenn die TSB leicht bis mittelmäßig positiv ausfiel. Dabei war zusätzlich eine Tendenz dahingehend erkennbar, dass die Athleten bei kürzerer Wettkampfdauer von positiveren Werten profitierten. Dies führen sie darauf zurück, dass die deutlich höheren neuromuskulären und anaeroben Leistungsanforderungen bei den kürzeren Wettkampfstrecken durch einen ausgeruhteren Zustand begünstigt werden. Im Gegensatz dazu tendiert die TSB auf den Wettkampfstrecken mit deutlich längerer Belastungszeit und verstärkten aeroben Leistungsanforderungen zur Mitte hin. Hier nimmt die Bedeutung des Leistungspotenzials gegenüber der Frische deutlich zu!

PMC Kurve

Ein hervorragendes Hilfsmittel für die Visualisierung und Steuerung der Trainingsbelastung ist die Darstellung von CTL, ATL und TSB in einem Kurvendiagramm (*PMC-Kurve: Performance-Manager-Chart-Kurve*).

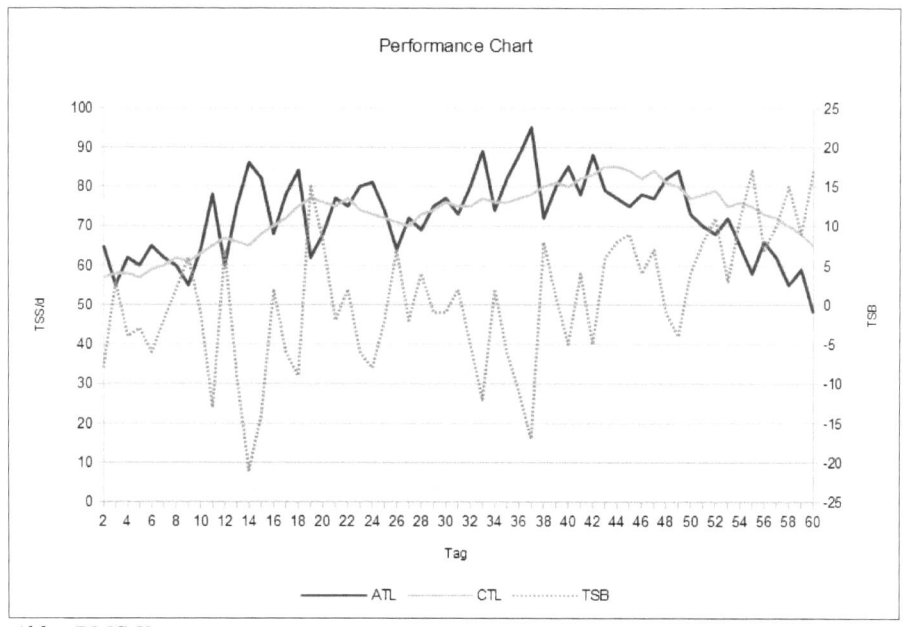

Abb.: PMC Kurve

Im Diagramm kann man bei Bedarf auch noch zusätzlich die Entwicklung wettkampfrelevanter Testergebnisse erfassen, so dass man die Beziehung leistungsrelevanter Parameter -wie zum Beispiel die Höhe der FTP- zu TSB-Werten hat. Die Korrelation dieser Werte lässt Rückschlüsse über die notwendige Höhe der TSB zu, um damit auch ein herausragendes Wettkampfergebnis erzielen zu können.

Körpergefühl!

Machen Sie sich nicht zum Sklaven ihrer Trainingsdaten. Das Training kann heutzutage mithilfe zahlreicher Erfassungs- und Analysetools sehr effektiv, genau und individuell geplant und gesteuert werden. Dennoch kann es nie den gesamten Status eines Athleten abbilden! Die in diesem Kapitel angesprochenen Parameter erfassen lediglich die athletischen und konditionellen Komponenten eines Sportlers. Natürlich bringt auch der Alltag -z.B. berufliche oder familiäre Belastungen- Stress mit sich, der sich auch auf Leistungsfähigkeit und Regenerationsstatus des Athleten auswirken.

Mangelnde Schlafqualität, Appetitlosigkeit, Mattigkeit und generelle Motivationsprobleme sind Anzeichen dafür, dass etwas mit der persönlichen Stress-Balance aus dem Ruder gelaufen ist! Auch wenn die Trainingsdaten andere Interpretationen suggerieren: manchmal ist es doch besser einfach mal ein Training lockerer als geplant durchzuführen, oder auch mal ganz ausfallen zu lassen!

Vertrauen Sie auch auf das eigene Körpergefühl!

Tapering

Das konkrete Tapering -also die Steuerung der Form hin zum Wettkampfumfasst neben der Beachtung der TSB auch die Entwicklung der chronischen Trainingsbelastung hin zum Saisonhöhepunkt. Wobei die Entwicklung der CTL natürlich den Wert der TSB maßgeblich beeinflusst!

Für das Tapering zum Wettkampf wird die Trainingsbelastung deutlich reduziert. Je nach Wettkampflänge und -bedeutung umfasst dies meist einen Zeitraum von einer bis zwei Wochen.

Beim Tapering geht man normalerweise so vor, dass Trainingshäufigkeit und -intensität mehr oder weniger beibehalten werden, die Dauer der Belastungen aber zurückgenommen werden. So reduziert man vor allem die akute Trainingsbelastung. Damit erhöht sich natürlich auch der Wert des TSB: Die Frische nimmt zu! Da der ATL natürlich auch Einfluss auf die chronische Trainingsbelastung hat, nimmt der Wert für die CTL etwas ab, die Steigungsrate wird negativ, das Leistungspotenzial sinkt. Im Gegenzug wird die Leistungsfähigkeit durch die erhöhte Frische aber positiv beeinflusst!

Die Frage ist nun natürlich, wie weit der CTL absinken darf um das Leistungspotenzial nicht zu stark zu beeinflussen! Dann nützt auch die größte Frische am Wettkampftag nichts mehr, der Athlet kann sein maximales Leistungsvermögen nicht abrufen!

Also was ist eine optimaler Wert für das Absinken der CTL?

Kommt drauf an!

Vor allem auf die Wettkampfdauer! Aber auch jeder Athlet reagiert individuell auf Belastungsänderungen, der eine braucht mehr Frische, der andere verträgt auch größere Belastungen zum Wettkampf hin!

Jim Vance gibt als Faustregel für Läufer auf der Marathondistanz an, dass der CTL über den Zeitraum des Tapering keinesfalls um mehr als 10 Prozent fallen sollte. Diese Empfehlung kann so in etwa auch für die Triathlonmittel- und lagdistanz übernommen werden. Bei Wettkämpfern auf der 5 oder 10 Kilometerdistanz gibt er die Empfehlung, dass er unter 5 Prozent ausfallen sollte. Man erkennt auf jeden Fall eine Tendenz in Abhängigkeit von der Wettkampfdauer, die sich auch auf andere Sportarten wie Radsport oder Triathlon gut anwenden lässt.

Letztendlich muss aber jeder Athlet für sich eine optimale Strategie finden. Es bietet sich an, dass man bei weniger wichtigen Wettkämpfen versucht, die optimalen Werte für CTL und TSB auszutesten um mit den gewonnen Erfahrung im Laufe der Zeit die optimale Strategie für die wichtigen Wettkämpfe zu finden!

Ernährungsmaßnahmen

Sie haben sich monatelang auf Ihren Hauptwettkampf vorbereitet, haben fleißig trainiert und die Fitness ist so gut wie nie. Was sollte jetzt im Rahmen der Ernährung in den Tagen unmittelbar davor noch beachtet werden?

Die optimale Ausdauerleistungsfähigkeit ist ganz entscheidend davon abhängig, wie groß und gefüllt die Glykogenspeicher in Leber und Muskulatur sind. Das ist umso wichtiger, je länger die Wettkampfstrecke ist. Haben Sie große Speicher zur Verfügung, so können Sie eine hohe Wettkampfgeschwindigkeit länger halten. In diesem Zusammenhang ist auch ein gut funktionierender Fettstoffwechsel wichtig, so dass auch bei höherer Intensität ein Großteil der Energieversorgung über diesen gedeckt werden kann. In den Tagen vor dem Wettkampf müssen die Glykogenspeicher nun möglichst maximal beladen werden.

Gefüllt werden die Glykogenspeicher durch eine kohlenhydratbetonte Ernährung. Die Pastaparty stellt die einfachste Möglichkeit dar. Sie ist oft am Vorabend großer Ausdauerveranstaltungen obligatorisch. Aber es gibt durchaus noch effektivere Möglichkeiten des sogenannten „Carboloading".

Das Maximieren der Speicher benötigt mindestens 24 Stunden, in der Praxis haben sich vor Wettkämpfen zwei bis drei Tage so genannter Ladephase mit kohlenhydratbetonter Ernährung bewährt. Es werden unterschiedliche Strategien angewendet, meist in Kombination mit ausgewählter Trainingsintensität und -dauer in den Tagen unmittelbar vor dem Wettkampf. In der Praxis kann das dann so aussehen, wie im nachfolgenden Schaubild dargestellt.

MO	DI	MI	DO	FR	SA	SO
kalorienreduziert			normal	Carboloading		WK

Abb.: Schema „Standard"-Carboloading

Die kalorienreduzierte Ernährung zu Beginn der Woche hat den Hintergrund, dass das Trainingsvolumen in dieser Phase reduziert ist und daher einfach auch weniger Energie benötigt wird.

Nach einem Tag mit „normaler" Ernährung versucht man dann mit einer stark kohlenhydratbetonten Ernährung in den beiden Tagen vor dem Wettkampf seine

Glykogenspeicher in Leber und Muskulatur maximal anzufüllen. Konkret bedeutet das, dass man die Kohlenhydrataufnahme im Laufe der letzten Tage schrittweise auf bis zu 12 Gramm Kohlenhydrate pro Kilogramm Körpergewicht pro Tag steigert:

MO	DI	MI	DO	FR	SA	SO
3-4g	4-5g	5-7g	8-9g	9-11g	12g	WK

Abb.: Kohlenhydrataufnahme pro Tag pro Kilogramm Körpergewicht

Mit diesem Standardprozedere kann man seine Speicher schon sehr gut füllen. Das Ganze ist gut verträglich und hat sich bewährt. Will man noch das letzte Quäntchen an „Extraspeicherung" herauskitzeln, dann ist es durchaus auch möglich mit unterschiedlichen weiteren Maßnahmen zu „experimentieren". Allerdings sollten die Maßnahmen bereits vor dem eigentlichen Hauptwettkampf ausgetestet werden, nicht dass einem eventuelle Unverträglichkeiten am Wettkampftag das Leben unnötig erschweren!

Optimale Glykogeneinlagerung

Um die Glykogeneinlagerung in die Körperspeicher zu fördern, sollte man parallel zu einer Erhöhung des Kohlenhydratanteils in der Nahrungszufuhr vor allem zwei weitere Dinge beachten:

1. Vermehrte Zufuhr des Minerals *Kalium*, da dadurch die Einlagerung begünstigt wird. Gute Kaliumquellen sind Bananen, Melonen, Kiwi, Bambussprossen, Artischocken, Spinat, Pilze, Broccoli, Sojabohnen, Linsen, Nüsse sowie Trockenobst.

2. Ausreichende *Flüssigkeitszufuhr*: 1g Glykogen bindet im Körper 2g Wasser, so dass in Phasen der vermehrten Glykogeneinlagerung auch auf eine ausreichende Flüssigkeitszufuhr geachtet werden sollte.

Superkompensation

Nach einer erschöpfenden, glykogenentleerenden Belastung ist die Kohlen-hydrataufnahme in die Körperdepots besonders effektiv, so dass mehr in die Muskulatur eingelagert wird als normal. Diesen Effekt macht man sich mit der Superkompensation zu nutze.

Vier Tage vor dem Wettkampf wird eine intensive und erschöpfende Trainings-einheit durchgeführt. Am selben Tag sollte eine möglichst fett- und eiweiß-reiche Kost auf dem Speiseplan stehen. In den darauf folgenden Tagen, in denen nur noch leicht und locker trainiert wird, ernährt man sich dann sehr kohlenhydratbetont (70 Energieprozent, 10-12g Kohlenhydrate pro Kilogramm Körpergewicht pro Tag)), so dass die Speicher am Wettkampftag maximal gefüllt sind.

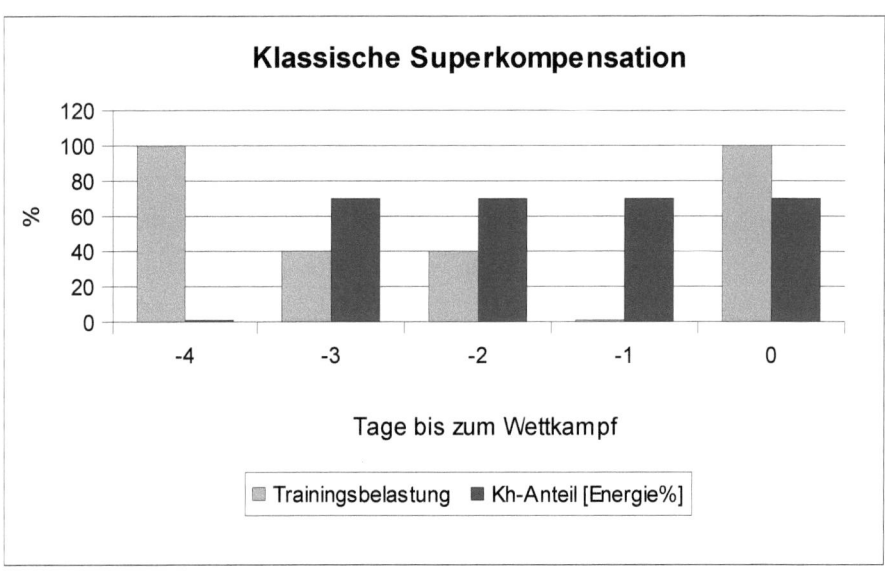

Abb.: Klassisches Superkompensationsmodell

Eine gemäßigte Form der Superkompensation erreicht man durch die schritt-weise Reduktion der Trainingsbelastung und gleichzeitig tägliche Erhöhung des

Kohlenhydratanteils in der Nahrung nach dem Standardschema. Diese Form wird von vielen vor allem psychisch als weniger belastend empfunden. Auch durch diese Art der Superkompensation kann der Glykogenvorrat der Muskulatur gegenüber dem Normalmaß nahezu verdoppelt werden.

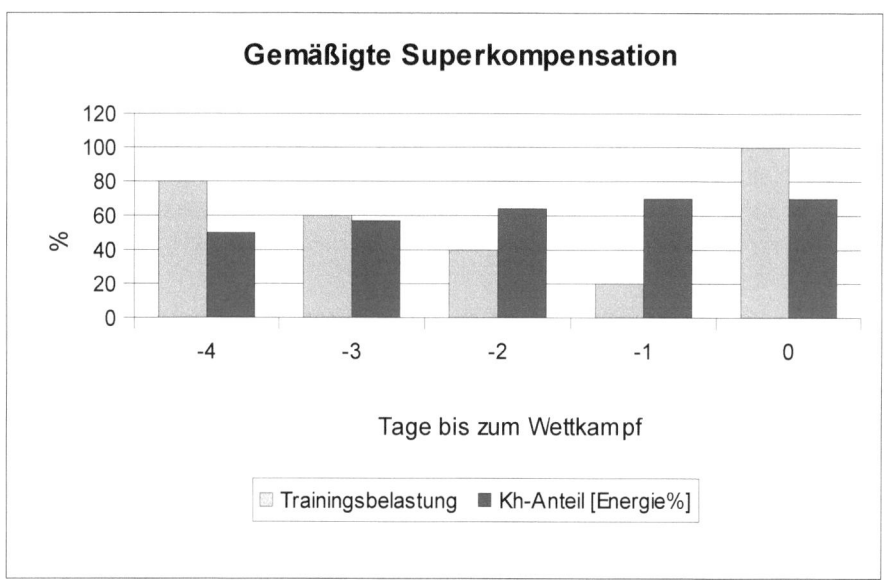

Abb.: gemäßigtes Superkompensationsmodell

Saltin-Diät

Bei der Saltin-Diät handelt es sich um eine weitere Steigerung gegenüber dem Superkompensationsmodell. Sie verspricht einen zusätzlichen Effektivitätsgewinn bei der Glykogeneinlagerung.

Die klassische Form beginnt etwa eine Woche vor dem Wettkampf. Auch hier werden mittels einer intensiven Trainingsbelastung die Glykogenspeicher im Körper möglichst vollständig entleert.

In den darauf folgenden Tagen ernährt man sich dann so kohlenhydratarm wie irgend möglich, versucht aber möglichst „normal", also auch mit intensiven

Trainingsinhalten, weiter zu trainieren. Das ist nicht einfach, vor allem für diejenigen, die ansonsten in der Basiskost einen hohen Kohlenhydratanteil bevorzugen und solche Situationen nicht „gewohnt" sind. Dadurch, dass die Speicher leer sind und der Athlet keine Kohlenhydrate zur Energiegewinnung heranziehen kann, fühlt er sich körperlich sehr schlapp. Viele empfinden ein intensives Training in diesen Tagen sowohl psychisch, als auch physisch, sehr belastend. Sportler, die ihre Basiskost sehr fett-/eiweissbetont und kohlenhydratarm gestalten, haben damit natürlich wesentlich weniger Probleme als Sportler die generell einen hohen Kohlenhydratanteil in ihrer Basiskost haben.

Drei Tage vor dem Wettkampf ist die drastische Fett-Eiweiß-Diät dann vorbei. Der Kohlenhydratanteil in der Nahrung wird wieder gesteigert. Das Training ist jetzt nur noch leicht und locker. Durch diese Maßnahme können die Körperspeicher noch etwas weiter aufgefüllt werden als mit der klassischen Superkompensation.

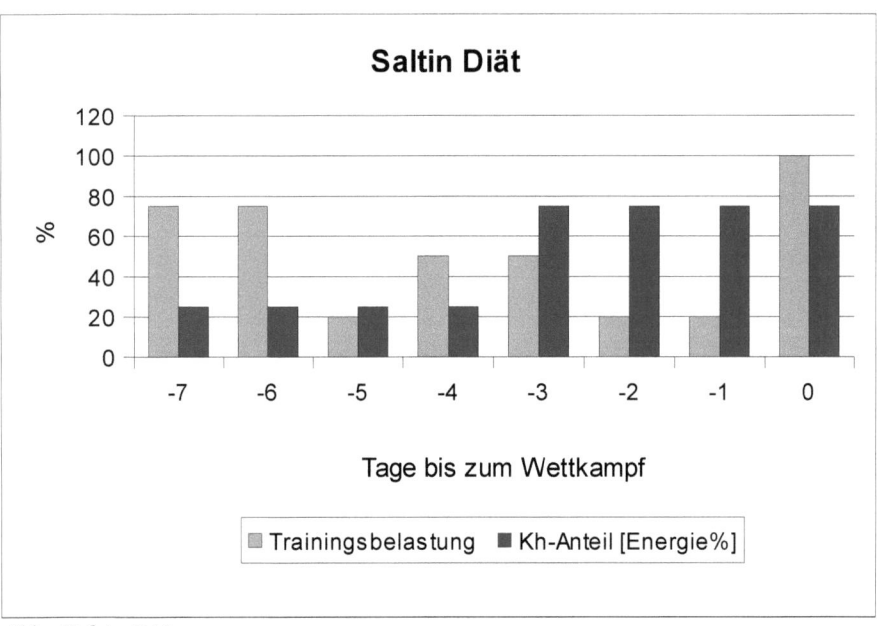

Abb.: Saltin-Diät

Aber wie gesagt: viele empfinden die Saltin-Diät als sehr belastend und bei einigen geht es deshalb auch voll in die Hose. Die Verträglichkeit dieser Art der Glykogeneinlagerung sollte auf jeden Fall bereits vor einem wichtigen Wettkampf ausprobiert werden.

Auch bei der Saltin-Diät kann auf eine etwas gemäßigtere Form zurückgegriffen werden: ab etwa eineinhalb Wochen vor dem Wettkampf senkt der Sportler schrittweise seinen Kohlenhydratanteil in der Nahrung und trainiert normal weiter, er nimmt also auch vor und während intensiver Einheiten keine/wenig Kohlenhydrate zu sich. Zwei bis drei Tage vor dem Wettkampf wird der Anteil in der Nahrung dann drastisch erhöht. Diese Form der „schonenden" Saltin-Diät ist für viele wesentlich besser verträglich, wenn auch nicht ganz so effektiv wie die klassische Form.

Wettkampfernährung

Bei der Nahrungsaufnahme während des Wettkampfes sind vor allem zwei Gesichtspunkte zu betrachten: Einerseits geht es um eine ausreichende Energiezufuhr, andererseits darum, die auftretenden Flüssigkeitsverluste auszugleichen.

Energiezufuhr

Die Energiezufuhr während des Wettkampfs richtet sich grundsätzlich nach zwei Kriterien:

- Belastungsintensität
- Belastungsdauer

Eine Kohlenhydrataufnahme während der Belastung hemmt den Fettstoffwechsel. Deshalb werden extensive Trainingseinheiten, die das Ziel verfolgen den Fettstoffwechsel zu trainieren, möglichst ohne Kohlenhydratzufuhr absolviert.

Bei intensiven Einheiten, sowie natürlich vor allem bei Wettkämpfen längerer Dauer, sieht die Situation natürlich ganz anders aus: Der Glykogengehalt in Leber und Muskulatur beträgt normalerweise bis zu 500 Gramm. Für einen Marathon in 3:30 Stunden werden rund 3000 kcal benötigt. Das entspricht etwa 700 bis 750g Kohlenhydraten, so dass die Speicher für den Wettkampf bei weitem nicht ausreichen. Bei einem Langdistanz-Triathlon sieht die Situation noch extremer aus: bei einem Anteil des Kohlenhydratstoffwechsels von 60% am Gesamtenergieumsatz und einem Energiebedarf von etwa 8000 kcal benötigt der Körper knapp 1200g Kohlenhydrate. Selbst bei maximal gefüllten Speichern tritt ein Defizit von deutlich über 500g auf. Bei einem entsprechend höheren Anteil des Kohlenhydratstoffwechsels, der ja für eine größere Leistungsausbeute erstrebenswert ist, fällt das Defizit noch größer aus. Während des Wettkampfs sollte also eine möglichst große Menge an Kohlenhydraten aufgenommen werden. Allerdings kann der menschliche Organismus bei der

Belastung nicht unbegrenzt Kohlenhydrate resorbieren, so dass die Speicher im Laufe des Wettkampfs unweigerlich abnehmen.

Man erkennt erneut die Bedeutung eines optimal trainierten Fettstoffwechsels. Er ist Garant dafür, dass die Kohlenhydrate möglichst sparsam verbraucht werden und der Anteil des Fettstoffwechsels an der gesamten Energiebereitstellung auch bei höherer Belastungsintensität möglichst groß ausfällt.

Für die Menge und den Zeitpunkt der Kohlenhydratzufuhr im Wettkampf haben sich die folgenden Vorgaben in der Praxis bewährt:

3 – 4 Stunden vor dem Wettkampf

Zu diesem Zeitpunkt kann durch eine Kohlenhydrataufnahme vor allem noch der Leberglykogengehalt erhöht werden. Eine reichhaltige Mahlzeit mit einem Anteil von 250 bis 300 Gramm Kohlenhydraten (4-5g/kg Körpergewicht) ist optimal. Kohlenhydrate mit niedrigem bis mittlerem glykämischen Index sollten bevorzugt werden. Um die Blutfettwerte zu erhöhen und damit auch dem Fettstoffwechsel Energie bereitstellen zu können, sollte die Nahrung auch Fette beinhalten. Ein geringer Ballaststoffanteil beugt Magen-Darm-Beschwerden während des Wettkampfs vor.

15 – 30 Minuten vor dem Start

Eine kleine Kohlenhydratgabe (etwa 1g/KG Körpergewicht) verhindert das Absinken des Blutzuckerspiegels (Unterzuckerung). Auch hier wird auf ballaststoffarme Energiequellen zurückgegriffen. Gut geeignet sind beispielsweise reife Bananen, Zwieback mit Honig oder Konfitüre sowie isotonische Getränke.

während des Wettkampfes

Zahlreiche Studien belegen, dass eine Kohlenhydratzufuhr für die Leistungsfähigkeit bei längeren Belastungen eine wichtige Rolle einnimmt.

Für die beiden Zuckerbausteine Glucose und Fructose existieren unterschiedliche Wege der Resorption, die parallel ablaufen. Diesen Effekt kann man sich für eine möglichst große Energiezufuhr zu nutze machen: man mischt einfach beide Zuckerarten miteinander, so dass der Organismus in der Stunde bis zu 90 Gramm an Kohlenhydraten resorbieren kann. Optimal ist ein Verhältnis Glucose zu Fructose von 2:1. Allerdings gilt es hier auch auf eine eventuelle Fructoseunverträglichkeit des Athleten zu achten. Deshalb sollte bereits im Training mit der Gabe von Fructose experimentiert werden um dann im Wettkampf keine böse Überraschung zu erleben!

Feste Nahrung wird bei hoher Belastungsintensität im Magen nur sehr verzögert oder sogar überhaupt nicht aufgenommen. Deshalb bieten sich im Wettkampf kohlenhydratreiche Getränke an. Oder Sportgels, die in Verbindung mit Wasser aufgenommen werden. Die Energie ist schnell verfügbar und belastet den Magen nicht. Die Aufnahme mehrerer kleiner Portionen ist aufgrund der besseren Verträglichkeit und gleichmäßigen Energiezufuhr empfehlenswert.

Flüssigkeitszufuhr

Neben der Energiebereitstellung ist natürlich auch die Flüssigkeitszufuhr von enormer Bedeutung. Bereits bei Flüssigkeitverlusten von 2 Prozent treten erste Leistungsverluste auf.

Während des Trainings und in noch stärkerem Maße während intensiver Wettkampfbelastungen verliert der Körper über den Schweiß enorme Mengen an Wasser und Mineralstoffe.

Die Folgen eines Wassermangels sind schwerwiegend: die Wärmeregulation des Körpers ist gestört, das Herz arbeitet unökonomisch, die Leistungsfähigkeit ist massiv eingeschränkt.

Auch Störungen im Mineralstoffgleichgewicht wirken sich fatal aus: wer kennt nicht auftretende Muskelkrämpfe gegen Ende eines Wettkampfs. Meist liegt die Ursache dafür in großen, nicht ausgeglichenen Natriumchlorid-Verlusten und nicht in Magnesium- oder Kaliumverluste, wie oft fälschlicherweise angenommen wird. Diese Verluste sollten über eine ausgewogene Basisernährung ausgeglichen werden.

Vor allem bei niedrigeren Temperaturen wird der Flüssigkeitsverlust über den Schweiß unterschätzt. Bei hohen Temperaturen ist ist er offensichtlicher, im Wettkampf sind durchaus Schweißraten von über 2 Litern pro Stunde möglich. Da der Magen maximal 1 bis 1,2 Liter pro Stunde an den Darm weitergeben kann, geht der Athlet bei länger andauernden Belastungen unweigerlich ein Flüssigkeitsdefizit ein. Damit dieses möglichst gering bleibt, gilt es einige Dinge zu beachten.

Trinken während der Belastung

Um Flüssigkeitsverluste möglichst gering zu halten, werden alle 10 bis 15 Minuten etwa 150 bis 250 ml getrunken. Isotone bis leicht hypotone Getränke werden am besten aufgenommen.

Die Mineralstoffkonzentration / Osmose

Das Blut des Menschen hat eine bestimmte Konzentration an Mineralstoffen. Flüssigkeiten, die dieselbe Stoffkonzentration haben, nennt man **isoton** (z.B. Isotonische Sportgetränke). Flüssigkeiten, die eine höhere Konzentration aufweisen, nennt man **hyperton**, solche mit niedrigerer Konzentration **hypoton**.

Im Körper haben zugeführte Flüssigkeiten und Blut das Bestreben einen Konzentrationsausgleich durchzuführen. Dies geschieht durch halbdurchlässige (semipermeabel) Membrane. Diesen Vorgang nennt man **Osmose**.

Wenn also die aufgenommene Flüssigkeit eine geringere Teilchenkonzentration als das Blut aufweist (hypoton), kann das Wasser einfach und schnell in das Blut aufgenommen werden.

Bei hypertonen Flüssigkeiten kann sich der Effekt natürlich umkehren: dem Körper wird Flüssigkeit entzogen und das Blut dickt ein.

Angereichert mit Kohlenhydraten und Natrium wird die Wasseraufnahme optimal gefördert und gleichzeitig leicht resorbierbare Energie zugeführt, die den Magen-Darm-Trakt nicht zusätzlich belastet. Natrium ist für den osmotischen Ausgleich wichtig, so dass mehr Zucker durch die Darmwand aufgenommen werden kann. Ein guter Ausgangswert sind etwa 500mg pro Stunde. Je nach Schweißzusammensetzung kann der Wert auch etwas davon abweichen. Im Training kann man mit der Konzentration und Verträglichkeit etwas experimentieren um den optimalen Wert für sich zu finden.

Hyponatriämie

Führt man dem Körper vermehrt Wasser mit niedrigem Salzgehalt zu, dann kann es zu einer Verdünnungshyponatriämie kommen: Die Natriummenge im Blut ist eigentlich normal, aber die Flüssigkeitsmenge ist zu hoch. Eine Verdünnungshyponatriämie tritt häufig bei Ausdauersportlern auf, die mehrere Stunden im Wettkampf unterwegs sind, dabei zu viel Wasser zu sich nehmen und gleichzeitig eine ausreichende Salzzufuhr vernachlässigen.

Damit kann für Triathleten und andere Ausdauersportler ein zu viel an Flüssigkeit, beziehungsweise ein zu geringer Salzgehalt der zugeführten Flüssigkeit, genauso gefährlich sein wie ein zu wenig: das überschüssige Wasser verändert den Salzgehalt der Körperflüssigkeiten und führt so zu einem ernsthaften Natriummangel. Die Folgen können Verwirrung, Krämpfe, Atemprobleme, Bewusstlosigkeit und sogar der Tod sein.

Dies zeigt die Bedeutung der optimalen Zusammensetzung der im Wettkampf zugeführten Flüssigkeit!

Das ideale Sportgetränk

Was muss das ideale Sportgetränk leisten?

Wie wir in diesem Kapitel bereits angesprochen haben geht es sowohl um die Energie- als auch die Flüssigkeitszufuhr! Die entsprechenden Rahmenbedingungen lauten:

➡ maximale Energielieferung (90g Kohlenhydrate/Stunde)

➡ Mischungsverhältnis Glucose : Fructose 2:1

➡ Flüssigkeitsaufnahme 1 bis 1,2 Liter / Stunde

➡ 0,5g Natrium pro Stunde für optimale Energieaufnahme

➡ für eine optimale Magenentleerung sollte die Konzentration des Getränks bei 6-9 Prozent liegen, also 60 bis 90 Gramm Kohlenhydrate pro Liter aufweisen. Bei Hitzerennen liegt man im unteren, bei Kälterennen am oberen Bereich.

Die zahlreichen, auf dem Markt befindlichen *isotonischen Getränke* sind mit Vorsicht zu genießen. Den meisten werden erhebliche Mengen an Mineralstoffen und Vitaminen zugesetzt, die aber weder die Wasseraufnahme begünstigen, noch die Leistungsfähigkeit verbessern. Oft sind diese Getränke außerdem nicht iso- sondern hyperton. Hohe Konzentrationen an Magnesium (>300mg/l) können zu Magen-Darm-Problemen führen, da etwa zwei Drittel des zugeführten Magnesiums unabsorbiert im Darm verbleibt. Schauen Sie sich die Mineralstoffzusätze genau an. Wenn man die in Pulverform erhältlichen Getränke eventuell etwas unkonzentrierter anmischt, ergibt sich meist eine bessere „Wettkampfmischung". Oder man kombiniert die Getränke im Wettkampf mit der Zufuhr reinen Mineralwassers.

Individuelle Rezeptur

Ein Sportgetränk kann man sich auch sehr gut selbst zusammenmischen. Das ist deutlich kostengünstiger als die im Fachhandel angebotenen kommerziellen Produkte und hat den Vorteil, dass man die eigenen Bedürfnisse und Unverträglichkeiten in der Zusammensetzung berücksichtigten kann.

Als Ausgangsprodukte für das individuelle Getränk nimmt man für einen Liter Getränk:

- 60g Maltodextrin 19
- 30g Fructose
- 1,5g Kochsalz

Maltodextrin 19 ist ein aus Maisstärke gewonnener Zucker (Malzzucker), der aus Glucosemolekülen unterschiedlicher Länge zusammengesetzt ist und eine vergleichsweise geringe osmotische Wirkung auslöst. Es ist gut verträglich und ein schneller Energielieferant.

Fructose ist ein Einfachzucker, der schnell Energie liefert und über einen zur Glucose alternativen Weg resorbiert wird. Dadurch kann die Gesamtaufnahme an Kohlenhydraten gesteigert werden.

Kochsalz liefert das notwendige Natrium und sorgt für den osmotischen Ausgleich, so dass mehr Zucker durch die Darmwand diffundieren kann. 1 Gramm Kochsalz liefert 400 mg Natrium.

Liegt beim Athleten eine (partielle) Fructoseunverträglichkeit vor, so kann man die Rezeptur anpassen und etwas experimentieren: ein erster Schritt wäre ein Ersatz der Fructose durch einfachen Haushaltszucker, der Glucose und Fructose im Verhältnis 1 : 1 enthält und meist besser vertragen wird. Das Gemisch wird dann entsprechend etwas dünner angemischt. Das Getränk sollte man bereits im Training ausprobieren und die Verträglichkeit austesten.

Ein guter Ausgangspunkt für das angepasste Rezept ist dann entsprechend:

➡ 60g Maltodextrin 19

➡ 20g Haushaltszucker

➡ 1,5g Kochsalz

Wird Fructose gar nicht vertragen, so nutzt man im Getränk lediglich Maltodextrin, die Dosis erhöht wird auf 70g pro Liter erhöht.

Die individuelle Rezeptur kann man auch sehr gut deutlich „dicker" anmischen, so erhält man eine Art Gel, das man in eine Radflasche füllt. So hat man seine kompletten Energiesereveren für die Radstrecke dabei. Im Wettkampf wird an den Verpflegungsstellen lediglich mit Wasser ergänzt.

Koffein als Leistungsschub

Koffein kann bei längeren Ausdauerbelastungen leistungsfördernd wirken. Es wirkt stimulierend und hat mehrere positive Auswirkungen:

➡ Förderung des Fettstoffwechsels

➡ Unterdrückung von Ermüdungsgefühlen

➡ Reduktion von Schmerzempfindungen

Die Strategie für die Aufnahme sieht folgendermaßen aus:

Eine Stunde vor dem Wettkampf wird eine Dosis von 3-4 mg Koffein pro Kilogramm Körpergewicht zugeführt, eine höhere Dosierung bringt keine zusäztlichen positiven Auswirkungen. Im Gegenteil: als Resultat können Herzrasen, zittern und Darmbeschwerden auftreten!

Innerhalb des Wettkampfs ist es dann effektiver, alle 150 bis 180 Minuten gezielte Dosen von 2-3 mg Koffein pro Kilogramm aufzunehmen als durchgängig mit dem Sportgetränk eine geringere Aufnahme „durchzuziehen". Hier fällt die Dosierung zu gering aus, so dass kein Effekt auftritt.

Wenn man in der Woche vor dem Wettkampf weitestgehend auf Koffeinentzug geht, so verstärkt sich die Wirkung des Koffeins. Gerade für regelmäßige und starke Kaffeetrinker kann diese zusätzliche Maßnahme erfolgsversprechend sein!

Die Wirkung einer Koffeinzufuhr im Wettkampf sollte man unbedingt im Training austesten, manch einer reagiert durchaus auch empfindlich und kann von oben beschriebenen Beschwerdebildern betroffen sein.

Wettkampf bei Hitze & Kälte

Klimatische Faktoren haben sowohl auf das Befinden als auch die Leistungsfähigkeit einen wesentlichen Einfluss. Wir sprechen dabei vor allem von Lufttemperatur und -feuchtigkeit. Wer kennt nicht die Bilder vom Ironman auf
Hawaii, wo die Problematik recht offensichtlich zu Tage tritt. Extreme Leist-
ungseinbrüche, bis hin zu massiven Kreislaufproblemen, sind hier keine Selten-
heit.

Aber auch Kälte kann für den Athleten eine große Herausforderung darstellen
und seine Leistung beeinträchtigen.

Der Organismus muss bei Aktivität einen großen Teil des energetischen Auf-
wands für seine thermische Regulation aufwenden. Dieser geht zu Lasten der
Effektivität der Vortriebsmuskulatur. Man geht davon aus, dass lediglich ca. 25
Prozent der Energie auch wirklich für die Bewegung umgesetzt werden. Der
Rest geht gewissermaßen „verloren".

Die Thermoregulation

Der Körper versucht seine Kerntemperatur weitestgehend konstant zu halten.
Lediglich Extremitäten und Haut unterliegen etwas größeren Schwankungen.

Die Thermoregulation ist ein kompliziertes System, das über den Hypothala-
mus im Zwischenhirn geregelt wird. Jede Abweichung vom Sollwert veranlasst
den Organismus zu Maßnahmen. Der Sollwert bewegt sich zwischen 36,5 und
37,5. Die Reaktion auf Differenzen kann ganz unterschiedlich ausfallen, je
nachdem ob der Sollwert über- oder unterschritten wird.

Die im Körper anfallende Wärme wird durch Wärmeleitung im Gewebe und
Wärmetransport im Blut an der Körperoberfläche abgegeben. Dadurch entsteht
ein Wärmegefälle im Körper. Während die Kerntemperatur annähernd konstant
gehalten wird, nimmt sie zur Oberfläche hin und an den Extremitäten ab.

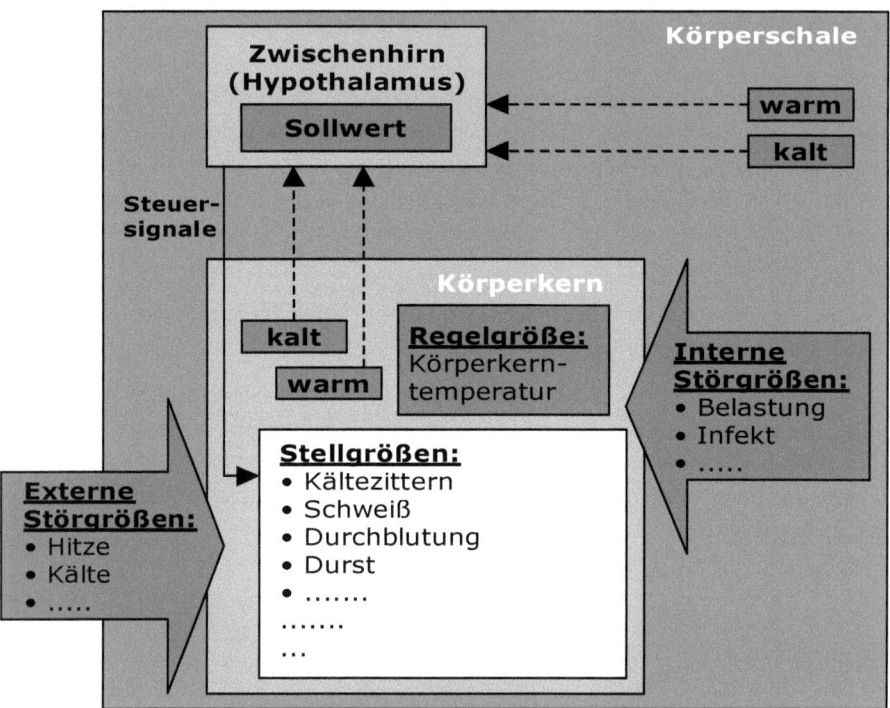

Abb.: Modell der thermischen Regulation des Menschen

Der Wärmeaustausch mit der Umgebung erfolgt über vier Wege:

1. **Konduktion**: Austausch zwischen Feststoff und Flüssigkeit, z.B. beim Schwimmen

2. **Konvektion**: Austausch über Luftbewegung, z.B. kühlender Fahrtwind beim Radfahren

3. **Radiation:** Austausch über (Sonnen-) Strahlung

4. **Evaporation:** Austausch (Kühlung) über Verdunstung von Schweiß

Die Verdunstung über Schweiß ist die bedeutenste und effektivste Möglichkeit der Wärmeregulation. Durch die verstärkte Schweißproduktion versucht der Organismus seine Körpertemperatur konstant zu halten. So kann er normalerweise verhindern, dass die Kerntemperatur um mehr als zwei, maximal drei Grad ansteigt.

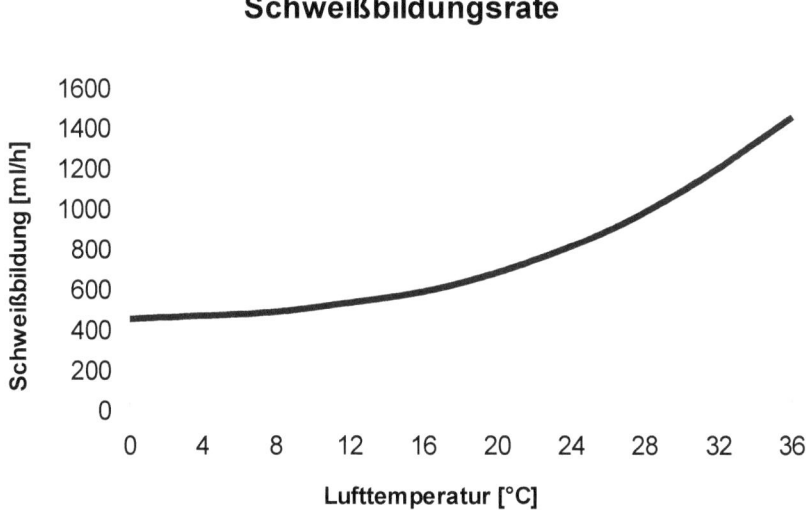

Abb.: Schweißbildungsrate in Abhängigkeit von der Umgebungstemperatur

In kalter Umgebung wird die Hautdurchblutung reduziert. Dadurch wird der Wärmeverlust vermindert.

In warmer Umgebung tritt der gegenteilige Effekt auf: die Durchblutung wird erhöht. Außerdem schwitzt der Athlet vermehrt. Die Verdunstungskälte auf der Hautoberfläche entzieht zusätzlich Wärme. Leider geht die vermehrte Hautdurchblutung zu Ungunsten der Durchblutung der Arbeitsmuskulatur, so dass die Leistungsfähigkeit bei heißen und feuchten klimatischen Bedingungen eingeschränkt ist.

Kälte

Negative Auswirkungen von Kälte treten im Triathlon vor allem beim Schwimmen auf. Hier kommt es prinzipiell zu zwei unterschiedlichen, sich teilweise auch überlagernden Körperreaktionen:

➡ **Kälteschock**, er ist durch ein unkoordiniertes „nach Luft schnappen" des Athleten gekennzeichnet und kann eine akute Angstreaktion, bzw. regelrechte Panikattacke, auslösen.

➡ **Tauchreflex**, er wird durch den hydrostatischen Druck beim Eintauchen ins Wasser ausgelöst und bewirkt einen Anstieg des venösen Blut-Rückstroms zum Herzen. Reflektorisch wird dabei eine Senkung der Herz- und Atemfrequenz ausgelöst.

Art und Ausprägung der Körperreaktionen hängen von der Temperaturdifferenz zwischen Luft- und Wasser ab. Bei großem Temperaturgefälle überwiegt eindeutig der Kälteschock, bei geringem Temperaturunterschied der Tauchreflex.

Prinzipiell ist es auf jeden Fall ratsam, sich langsam ins Wasser zu begeben und nicht hineinzuspringen. So kann sich der Organismus am besten auf die veränderten Bedingungen einstellen.

Eine wirkungsvolle Kälteakklimatisation ist durch eine Zunahme des Unterhautfettgewebes erreichbar. Dieses isoliert besser und die Durchblutungszunahme schützt vor lokalen Erfrierungen. Für den Triathleten ist die Zunahme des Fettgewebes natürlich nicht erwünscht. Er schützt sich beim Schwimmen in kalten Gewässern durch das Anlegen eines Neoprenanzugs. Die genauen Bestimmungen für das Tragen des Anzugs sind in der Sportordnung der Deutschen Triathlon Union geregelt.

Hitze

Die optimale Lufttemperatur für Höchstleistungen liegt im Ausdauersport bei etwa 10° Celsius. Jede Steigerung kann zu einem Leistungsabfall führen. Wettkämpfe bei Hitze gehen mit einer zum Teil erheblich verminderten Leistungsfähigkeit einher. Die Ursachen sind große Flüssigkeitsverluste und eine Überhitzung des Körpers.

Herzfrequenz und Laktatkonzentration sind höher als unter Normalbedingungen. Auch der Verbrauch von Muskelglykogen ist größer als unter kälteren Umgebungsbedingungen. Einen zusätzlichen negativen Einfluss haben große Flüssigkeits- und Elektrolytverlust. In diesem Zusammenhang kommt dem Mineral Natrium eine besondere Bedeutung zu. Schweißränder an der Bekleidung sind ein deutliches Zeichen für große Verluste!

Um negative Auswirkungen bei Hitzewettkämpfen zu minimieren, sollte der Athlet einerseits darauf achten, dass der Anstieg der Körperkerntemperatur möglichst klein gehalten wird. Andererseits muss der durch das Schwitzen entstandene Flüssigkeits- und Elektrolytverlust, insbesondere des Natriums, ausgeglichen werden.

Hitzeerkrankungen

Hitzeerkrankungen aufgrund extremer Hitze und Luftfeuchtigkeit kommen im Ausdauersport relativ häufig vor. Sie können in zwei unterschiedliche Bereiche eingeordnet werden:

- ➡ Störungen der **Thermoregulation**, darunter fallen der Sonnenstich und der Hitzschlag.

- ➡ Defizite im **Flüssigkeits- und Elektrolythaushalt**, darunter fallen Hitzekrämpfe, -erschöpfung und -kollaps.

Hitzeerkrankungen			
	Anzeichen	Ursache	Maßnahmen
Sonnenstich	Unruhe, Schwindel, Übelkeit	Sonneneinstrahlung auf den Kopf	Abkühlung, Kopfbedeckung, Schatten
Hitzschlag	Motorikstörungen, trockene Haut, evtl. Zusammenbruch mit Bewusstlosigkeit	Sehr starke Dehydration, Körperkern-temperatur $> 41°C$	Drastische Abkühlung, Infusionen, Kliniktransport
Hitzekrämpfe	Muskelschmerzen, Muskelkrämpfe	Dehydration, Mineralstoffmangel	Aufnahme von magnesium- und kochsalzhaltigen Getränken
Hitze-erschöpfung	Kalter Schweiß, Kopfschmerzen, Desorientierung, hohe Herzfrequenz	Starke Dehydration, Körperkern-temperatur $> 40°C$	Abkühlung, ärztliche Hilfe, Infusion von Kochsalzlösungen
Hitzekollaps	Blässe, Gleichge-wichtsstörung	Starke Dehydration	Schatten, Hochlagerung der Beine, Kühlen, Trinken

Tab.: Hitzeerkrankungen

Bei Körpertemperaturen von etwa 41°C drohen ernste gesundheitliche Schäden. Hitzeerschöpfung oder sogar Hitzschlag können auftreten.

Symptome sind:

- Erschöpfung
- Benommenheit
- Kopfschmerzen
- Muskelkrämpfe

- Übelkeit
- Schwindelgefühle
- Atemnot

Der Athlet muss sofort in eine kühle Umgebung gebracht werden. Eine Flüssig-keitszufuhr mit ausreichend Salzgehalt (1 Teelöffel Salz pro 1 Liter Wasser) ist wichtig.

Hitzeakklimatisation

Eine Akklimatisation ist für Wettkämpfe bei Hitze äußerst hilfreich. Der Körper benötigt etwa 10 bis 14 Tage für eine vollständige Anpassung. Nach etwa 7 Tagen sinkt die Körperkerntemperatur, nach etwa 14 Tagen ist die Schweißrate maximal ausgeprägt. Der Körper passt sich durch vermehrtes Schwitzen und eine stärkere Hautdurchblutung an die veränderten Bedingungen an.

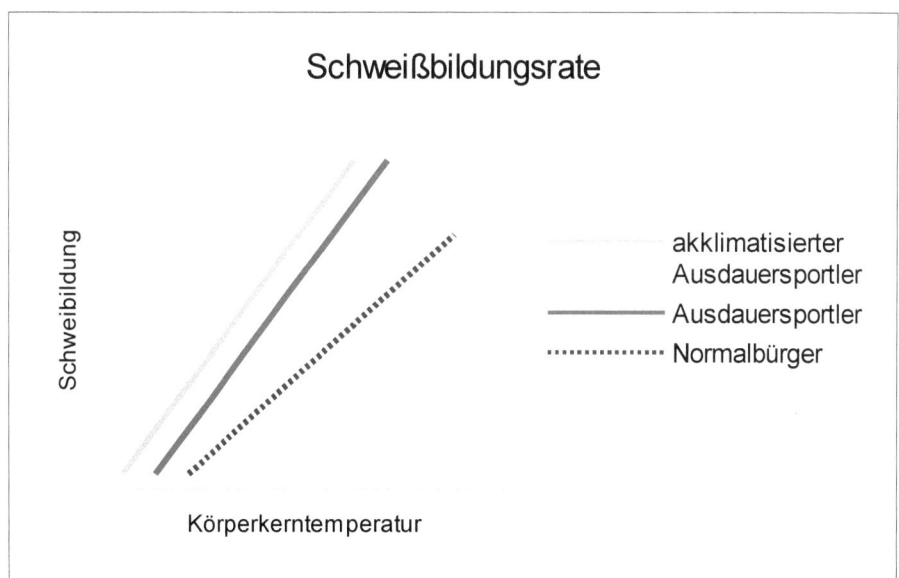

Abb.: Schweißbildungsrate nach Hitzeakklimatisation

Durch Hitzeakklimatisation werden vor allem drei Effekte hervorgerufen:

1. Der „Set-Point" verringert sich, der Sportler fängt früher an zu schwitzen
2. die Schweißdrüsen vergrößern sich, so dass mehr Schweiß für die Kühlung produziert werden kann.
3. Der Schweiß wird mineralarmer

Ein Training unter Hitze unterstützt die Akklimatisation. Ratsam ist eine langsame Steigerung der Intensität von Tag zu Tag, von hochintensive Belastungen während der ersten Tage ist dringend abzuraten.

Während der Akklimatisationsphase ist auf eine vermehrte Flüssigkeitszufuhr zu achten. Auch die Kochsalzzufuhr wird zur wirkungsvollen Substitution auf 10 bis 25 Gramm pro Tag gesteigert.

Während der Akklimatisationsphase kann man im Training auch Strategien zum Umgang mit der Hitze testen. Es geht vor allem um die Flüssigkeits- und Energiezufuhr, aber auch die Auswahl der Bekleidung.

Bereitet man sich in kühleren Bedingungen auf einen Hitzewettkampf vor, so kann man sich mit zwei Maßnahmen in der direkten Vorbereitung behelfen. Einerseits löst ein regelmäßiger Saunagang in den Tagen vor dem Wettkampf eine Adaption aus, andererseits ist es auch möglich mit einer überwarmen Bekleidung im Training eine verstärkte Schweißproduktion zu provozieren.

Dick verpackt seine Runden zu laufen, bedeutet für den Körper einen Hitzestress, der eine bedingte Hitzeakklimatisation nach sich zieht. Die Maßnahme beginnt ein bis zwei Wochen vor dem Wettkampf. Durch regelmäßige Saunabesuche kann man die Anpassung in der letzten Woche vor dem Wettkampf unterstützen, sollte dann jedoch zwei Tage vorher darauf verzichten.

Die durch diese beiden Maßnahmen erreichte Hitzeakklimatisation geht bei kalter Witterung nach etwa einer Woche wieder verloren.

Unmittelbare Wettkampfvorbereitung

Der Athlet sollte bereits vor dem Wettkampf darauf achten, dass sein Hydrationsstatus ausgeglichen ist. Zwei bis vier Stunden vor dem Wettkampf trinkt man noch einmal 5 – 10ml Flüssigkeit pro Kg Körpergewicht. Am besten regelmäßig in kleinen Portionen.

Maßnahmen zum Senken der Körperkerntemperatur sind für die Leistungsfähigkeit förderlich. Bei den Profis sieht werden oft Kühlwesten eingesetzt. Die Einnahme von kalten Getränken mit Eisbrei („Ice-Slushs") kann helfen, sollte aber bereits vor dem Wettkampf unbedingt auf Magenverträglichkeit getestet werden.

Verhalten während des Wettkampfes

Bei Hitzewettkämpfen ist die regelmäßige Flüssigkeitszufuhr das oberste Gebot! Als Empfehlung gelten 150 bis 250 ml alle 10 bis 15 Minuten, so dass pro Stunde mindestens ein Liter getrunken wird.

Der Körper kann in seiner Kühlung durch ein Bespritzen mit Wasser unterstützt werden. Durch das regelmäßige Befeuchten der Hautoberfläche wird der Wasserverlust durch Schwitzen reduziert. Das Wasser darf aber keinesfalls zu kalt sein, da sich ansonsten die Hautgefäße zusammenziehen und die Durchblutung verringert wird. Dies hat dann eine gestörte Wärmeregulation zur Folge.

Als prophylaktische Maßnahmen sind bei Hitzewettkämpfen folgende Ratschläge hinsichtlich der Flüssigkeitszufuhr hilfreich:

- bei einer Belastungsdauer von über 45 Minuten kleine Trinkmengen von 150 bis 250 ml in kurzen Zeitabständen von 10 bis 15 Minuten aufnehmen

- bei einer Belastungsdauer von über vier Stunden zur Ergänzung 1,5 Gramm Kochsalz pro Stunde zuführen, das Problem der Hyponatriämie wurde im Kapitel Wettkampfernährung bereits angesprochen.

- auch nach der Belastung reichlich trinken um das Flüssigkeitsdefizit rasch auszugleichen

Mentale Bewältigungsstrategien

Jeder Mensch hat von ablaufenden Ereignissen und dessen Ursachen, Bedingungen und Wirkungen eine subjektive Sicht. Ein und dasselbe Geschehen wird von verschiedenen Personen unterschiedlich wahrgenommen und erlebt.

Damit objektive und subjektive Perspektive möglichst deckungsgleich sind und man der Situation entsprechend angemessen handeln kann, muss das subjektive Bild der Situation an die objektiven Gegebenheiten angeglichen werden.

Nur mit optimal ausgebildeten psychischen Fähigkeiten können die physischen Fähigkeiten auch bestmöglich eingesetzt werden. Dies zeigt sich vor allem bei sonst ähnlichen Leistungsvoraussetzungen: Spätestens dann entscheiden sich Sieg und Niederlage im Kopf. Auf der Langdistanz ist dies wohl besonders ersichtlich: „Wer aufgibt, gibt zuerst im Kopf auf!" Mit zunehmender Wettkampfdauer gilt es hier die Schmerzen in der Muskulatur zu akzeptieren und zu tolerieren.

Aber psychische Fähigkeiten beinhalten wesentlich mehr: sie lassen sich nicht nur auf das aktuelle Handeln einengen. Überdauernde Komponenten der Persönlichkeit, wie ihre Motive, Einstellungen, Perspektiven oder Wertvorstellungen, sowie die individuelle Einordnung der sportlichen Tätigkeit in das persönliche und soziale Umfeld, haben wesentlichen Einfuß auf die sportliche Leistung.

Wir unterscheiden unterschiedliche Dimensionen psychischer Fähigkeiten:

➡ **Selbstvertrauen steigern und stabilisieren**
Für gute Wettkampfleistungen ist diese Fähigkeit von zentraler Bedeutung. Es ist wichtig, dass negative Gedanken an Niederlagen oder Fehlschläge vermieden werden.
Mangelndes Selbstvertrauen ist quasi schon der erste Garant für die Niederlage.

➡ Umgang mit negativen Energien
Negative Emotionen führen meist zu Überreaktionen und zu
Kontrollverlusten. Der Athlet muss den adäquaten Umgang mit
diesen negativen Energien lernen.

➡ Steuerung der Aufmerksamkeit
Ziel ist das Ausblenden aller irrelevanten und ablenkenden
Gedanken, also die totale Konzentration auf die momentane
Aufgabe.

➡ Visualisierung
Der Athlet kann durch Visualisierungen seine Gedanken und
Wahrnehmungen während des Wettkampfes in eine positive
Richtung lenken.
Das zentrale Nervensystem ist nicht in der Lage zwischen einer
intensiven Visualisierung und dem realen Durchführen und
Erleben einer Situation zu unterscheiden. So können Wett-
kampfsituationen bereits im Training vorweggenommen und
ihre Bewältigung trainiert werden. Visualisierungen bilden ein
mächtiges Werkzeug des mentalen Trainings.

➡ Motivation und Wille
Motivation ist der entscheidende Faktor, wenn es darum geht,
ein sich selbst gestecktes Ziel zu erreichen. Wichtig ist dabei,
dass dieses Ziel für den Athleten bedeutend und realistisch
gesetzt ist. Nur so kann mit Erfolg und Misserfolg richtig
umgegangen und die Motivation aufrecht erhalten werden.

Psychische Fähigkeiten sind erlern- und trainierbar.

Aufmerksamkeitsregulation

Aufmerksamkeit ist für situationsangemessenes Handeln von großer Bedeutung. Da man immer nur einen kleinen Teil der Informationen über sich und die Umwelt aufnehmen kann, beeinflusst die Form der Aufmerksamkeitsprozesse über die Menge und Art der aufgenommenen Reize. Die Aufmerksamkeit kann sich entweder auf bestimmte Dinge einengen und konzentrieren, oder auf mehrere Aspekte verteilen (distribuieren).

Vier Formen der Aufmerksamkeitsregulation

Wir können die Ausrichtung der Aufmerksamkeit über unterschiedliche Dimensionen beschreiben, die sich auf die Umwelt sowie die internen Signale des Körpers beziehen. In Kombination ergeben sich dann vier Formen der Aufmerksamkeitsregulation, wie sie in nachfolgender Abbildung dargestellt sind:

EXTERNAL	
WEIT – EXTERNAL	**ENG – EXTERNAL**
Das Beobachten des größeren Umfeldes; Erlaubt die gleichzeitige Aufnahme vieler Informationen; Optimal für Orientierung; Weiträumiges, jedoch relativ undifferenziertes Bild einer neuen Situation; Ermöglicht hohes Maß an Antizipation;	Analyse situativer Gegebenheiten; Genaue Betrachtung bestimmter Sachverhalte; Die Aufmerksamkeit wird eingeengt und fokussiert;
WEIT – INTERNAL	**ENG – INTERNAL**
Analyse des Eigenzustandes, der Gesamtbefindlichkeit;	Konzentration auf einzelne körperliche oder psychische Prozesse; Erweiterung der Sensibilität für psychische Prozesse;
INTERNAL	

Links: W E I T — Rechts: E N G

Abb.: vier Formen der Aufmerksamkeitsregulation

Erfolgreiche Athleten zeichnen sich dadurch aus, dass sie je nach Situations-anforderung ihre Aufmerksamkeit sehr flexibel ausrichten können.

Zu Beginn einer Teildisziplin ist es meistens sinnvoll seine Aufmerksamkeit external-weit auszurichten. Das hat den Vorteil, dass man einen guten Gesamt-überblick über die Situation erhält, sich damit optimal orientieren und taktisch sehr flexibel reagieren kann. Im weiteren Verlauf des Wettkampfes kommen verstärkt internal-weite Ge-sichtspunkte zum tragen um die Körperfunktionen detaillierter zu analysieren. Die Umwelt wird weiterhin mit eher weiträumigen undifferenzierten Informat-ionen erfasst. Gegen Ende des Rennens und während der Wechsel erscheint es sinnvoll, sich ganz auf die Analyse einzelner Körperfunktionen und spezieller Informationen aus dem Umfeld zu konzentrieren.

Die Aufmerksamkeitsregulation lässt sich trainieren indem man gedanklich von der einen in die andere wechselt. Wenn die Wechsel mental problemlos funkt-ionieren, so kann man die Aufmerksamkeitslenkung auch im Training üben und schließlich im Wettkampf erfolgreich einsetzen.

Selbstgesprächsregulation

„Wer aufgibt, gibt zuerst im Kopf auf!"

Durch die Steuerung von Selbstgesprächen können Leistungsreserven aktiviert werden. In Selbstgesprächen werden Handlungspläne formuliert. Der Sportler gibt sich selbst Anweisungen, ordnet seine Gedanken oder kommentiert und beurteilt das eigene Handeln. Die Intensität von Selbstgesprächen hängt von der erlebten körperlichen Beanspruchung ab.

Unter extremer Beanspruchung, wie sie beispielsweise in der Schlussphase eines Langdistanztriathlon auftritt, springen die Gedanken unter Umständen zwischen Zuversicht und Zweifel hin und her. Der erfolgreiche Athlet zeichnet sich dann dadurch aus, dass die Zuversicht über die Zweifel siegt.

Untersuchungen haben gezeigt, dass sich erfolgreiche Athleten durch positive und zuversichtliche Gedanken auszeichnen und sich gegenüber weniger erfolgreichen Sportlern dadurch unterscheiden, dass sie sich wesentlich besser auf ihre Aufgabe konzentrieren können. Darüber hinaus können sie sich besser von ihren Fehlern distanzieren und diese „abhaken". Sie denken nicht lange über deren Konsequenzen nach.

Wir kennen unterschiedliche Arten der Selbstgesprächsregulation. Welche sich als die beste und erfolgreichste in der jeweiligen Situation erweist, muss der Athlet individuell für sich selbst entscheiden und entsprechend auswählen.

Selbstmotivierung

Der Athlet motiviert sich durch positive Selbstinstruktionen. Dadurch stärkt er sein Selbstwertgefühl. Eine typische Selbstinstruktion ist beispielsweise: „Ich habe genug trainiert, ich beweise mir selbst, dass ich das schaffen kann!"

Der Sportler appelliert an seine eigene Stärken und an seinen Siegeswillen.

Rationalisierung

Mit der Rationalisierung wird die Bedeutung eines beanspruchenden Ereignisses „heruntergespielt". Zum Beispiel kann man die augenblickliche Situation mit einer vergangenen in Beziehung setzen: „Letzte Woche hatte ich nach dem Schwimmen bereits einen viel größeren Rückstand und bin beim Radfahren trotzdem nach vorne gefahren!"

Aufmerksamkeitsveränderungen

Bei Aufmerksamkeitsveränderungen bestehen zwei Möglichkeiten: entweder engt man seine Aufmerksamkeit auf bestimmte Aspekte, Handlungen oder Ereignissen ein oder man lenkt von ihnen ab. Zum Beispiel kann man sich von seinen schmerzenden Muskeln dadurch ablenken, dass die Konzentration auf Gegner und deren Verhalten gelenkt wird.

Problemlösungsstrategien

Der Athlet versucht verschiedene Lösungsansätze für die aktuelle Problemsituation zu finden. In Gedanken kann er verschiedene Wege durchspielen und sich letztendlich für eine Strategie entscheiden.

Handlungskontrolle / Umgang mit Stress

Lebensvorgänge finden zu einem Gleichgewicht, wenn sie sich im stetigen Wechsel zwischen Anspannung und Entspannung bewegen. Dieser Wechsel von Anspannung und Entspannung, von Anregung und Erholung, ist Kennzeichen alles Lebendigen. Es erfordert differenzierte Mechanismen, um diesen Wechselprozess zu steuern.

Lebewesen sind empfänglich für Reize (Stressoren), die bei ausreichender Stärke körperliche Reaktionen hervorrufen und situations- und individuumabhängig bestimmte Verhaltensweisen wahrscheinlich machen. Reize können außerhalb des Körpers, also aus der Umwelt, oder im Körper selbst als Emotionen, Empfindungen und Gedanken auftreten. Sinnesreize rufen, abhängig von bisher erfahrenem und erlebtem, subjektive Sinneseindrücke und Empfindungen hervor. Aus der Empfindung wird eine Wahrnehmung, die durch die Lebensgeschichte des Einzelnen sehr persönlich ausgeprägt ist. Dies bestimmt die Qualität des Stressors, also wie er individuell empfunden und bewertet wird: ist er angenehm oder unangenehm, oder gar bedrohlich? Das Maß, wie groß ein Sportler also eine Belastung und den damit verbundenen Stress empfindet, ist stets individuell verschieden.

Unter günstigen Bedingungen wirkt ein Stressor anregend und motivierend. Der Körper mobilisiert über Regelmechanismen, die durch Hormone gesteuert werden, Energien, die sich positiv auf die Leistung auswirken.

Der Stressor kann aber auch lähmend wirken. Der Mensch fühlt sich überfordert, kann seine optimale Leistung nicht mehr abrufen. Leistungsbezogene Stresssituationen, wie sie im Wettkampf auftreten, stellen für den Athleten Selbstwertbedrohungen dar. Er muss lernen, mit ihnen umzugehen.

Das umgekehrte Extrem ist die Unterforderung eines Athleten. Sind die individuellen Leistungsvoraussetzungen dauerhaft größer als den erforderlichen Anstrengungen entsprechend, kommt es zu Monotonie und psychischer Sättigung.

Dieser Zusammenhang lässt sich anschaulich an einer Waage darstellen. Ist sie in einer ausgeglichenen Schwebe, so ist der Athlet in der Lage seine optimale Leistungsfähigkeit abzurufen.

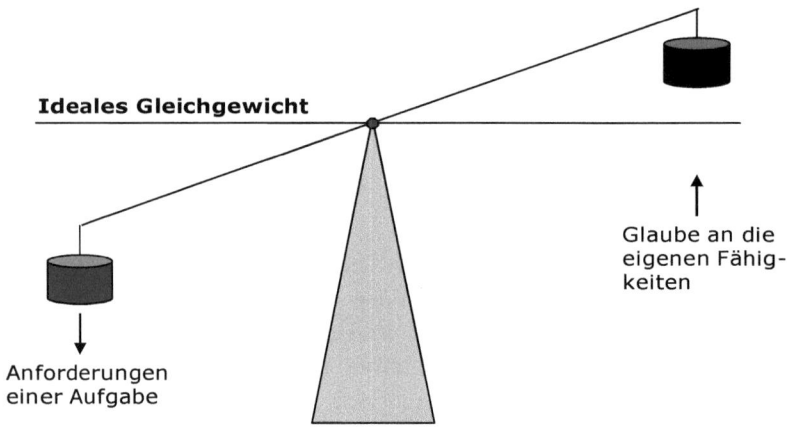

Ideales Gleichgewicht

Glaube an die
eigenen Fähig-
keiten

Anforderungen
einer Aufgabe

Bei der Bewältigung belastender Wettkampfsituationen sprechen wir gewöhnlich von „*Mentaler Stärke*". Das bedeutet, dass der Athlet die Fähigkeit besitzt mit einer belastenden Situation so umzugehen, dass seine psychophysische Leistungsfähigkeit nicht, oder zumindest nur in geringem Maße, eingeschränkt ist.

Der Umgang mit Stress

Psychologischer Stress beruht im wesentlichen auf der subjektiven Einschätzung des Athleten: empfindet er die zu bewältigende Situation als herausfordernd oder als bedrohlich.

Der Prozess der Stressbewältigung läuft nach folgendem Schema ab:

1. **Primäre Einschätzung** der Situation: Der Athlet nimmt überwiegend Informationen aus der Umwelt auf und bestimmt die persönliche Relevanz der Situation. Wir sprechen in diesem Zusammenhang auch von der *Ereigniswahrnehmung*.

2. **Sekundäre Einschätzung:** In einem zweiten Schritt werden die zur Verfügung stehenden Bewältigungsmöglichkeiten erörtert. Diesen Teil bezeichnet man auch als *Ressourcenwahrnehmung*.

3. **Neubewertung:** Der Athlet entscheidet sich für eine *konkrete Handlung*, führt diese durch und bewertet das Ergebnis.

Bei den Bewältigungsformen, auch als Coping bezeichnet, unterscheiden wir zwischen problem- und emotionsorientierten Formen.

In subjektiv kontrollierbaren Situationen bewährt sich normalerweise die problemorientierte Bewältigungsform, in subjektiv unkontrollierbaren Situationen scheinen die emotionsorientierten Formen, wie beispielsweise Ablenkung oder Umbewertung der Situation, besser geeignet zu sein.

Stressbewältigung

Eine bewährte Methode der Stressbewältigung ist das Entspannungstraining. Aber für die Bewältigung von belastenden Situationen innerhalb eines Wettkampfes sind sie ungeeignet, da sie hier nicht angewendet werden können. In diesem Fall greift man auf sogenannte naive Bewältigungsstrategien zurück.

Naive Bewältigungsstrategien

Naive Bewältigungsstrategien sind im Prinzip jene Strategien, die wir uns im Laufe unseres Lebens angeeignet haben und die jeder individuell für die Bewältigung belastender Situationen einsetzt. Im Triathlon spielen im Wettkampf vor allem die kognitiven, personenbezogenen Bewältigungstechniken eine wichtige Rolle.

Technik	Anwendung & Wirkung	Beispiel
Motivation	Treten in Form von positiven Selbstinstruktionen auf und haben den Zweck, eine erhöhte Aktivierung des Sportlers zu erreichen sowie sein Selbstwertgefühl zu steigern	„Nur noch 3 Kilometer, Du schaffst die anvisierte Zeit locker!"
Beruhigung	Sollen die Aktivierung in einer kritischen Situation herabsetzen und negative Emotionen sowie Nervosität kontrollieren	„Bleib ganz ruhig, auf den letzten fünf Radkilometern wird der Rückstand nicht mehr größer werden!"
Konzentration	Haben den Sinn, die Aufmerksamkeit und die Konzentration auf das Renngeschehen zu lenken	„Konzentrier Dich auf Deinen Laufstil, lockerer Schritt, nicht im Oberkörper verkrampfen!"
Informationssuche und Einsatz taktischer Mittel	Beziehen sich zumeist auf die Vergegenwärtigung vorher geplanter Zwischenzeiten und auf die Planung des Rennverlaufs sowie der eigenen Position im Feld. Dies ist entweder vorher mit dem Trainer abgesprochen oder entstand individuell im Rennen.	„Jetzt bei Kilometer 30 noch einmal die Zwischenzeit kontrollieren und mit der Marschroute vergleichen." „Jetzt überhole ich XY und schließe die Lücke zum Spitzen-feld, so verliere ich nicht den Anschluss."
Umbewertung	Kommen vor, wenn der Sportler während des Rennens erkennt, dass er sein vorgenommenes Ziel (Zeit oder Platzierung) nicht erreichen kann. Dabei werden negative Situationsaspekte durch eine erneute Widerspiegelung in ein positives Licht umgedeutet.	„Eine Bestzeit ist nicht mehr drin, aber eine Zeit von unter 10 Stunden ist auch noch sehr gut und zu erreichen." „Der Sieg ist zwar weg, aber ich schaffe immer noch locker ein Platz auf dem Treppchen."
Ablenkung	Zeichnen sich dadurch aus, dass die Aufmerksamkeit und die Konzentration von der belastenden Situation weggelenkt werden und/oder auf völlig andere Inhalte bezogen werden.	„Am Tiefpunkt habe ich an alles andere gedacht, nur nicht ans Rennen. Da waren meine Freundin und der Urlaub, aber nicht mehr das Rennen"

Technik	Anwendung & Wirkung	Beispiel
Abreaktion	Ist an Aggressions- und Wutausbrüchen zu erkennen, die aber nicht zwingend verbal artikuliert werden, sondern teilweise nur kognitiv erfolgen. Diese Abreaktion bezieht sich meist auf den Gegner.	„Als ich an XY vorbeigefahren bin, hat er mich einfach nicht wieder einscheren lassen, da war ich echt sauer, am liebsten hätte ich ihm eine mitgegeben!"
Resignation	Der Sportler entzieht sich endgültig der belastenden Situation indem er aufgibt und aus dem Rennen aussteigt oder das Rennen nur noch locker –ohne sich psychophysisch zu belasten- zu Ende läuft.	„Ich habe gedacht, dass das alles keinen Zweck mehr hat, ich steig hier einfach aus."
Keine Bewältigung	Es kann auch vorkommen, dass keine Technik angewandt wird. Dies geschieht insbesondere dann, wenn entweder keine geeignete Bewältigungstechnik zur Verfügung steht oder der Sportler aussichtslos hinten liegt.	„Ich habe nicht mehr gekämpft, bin einfach nur locker weitergelaufen, so dass es nicht mehr weh getan hat."

Tab.: Überblick über kognitive, naive Bewältigungstechniken im Triathlon (Ziemainz, 1999)

Welche dieser Techniken in der jeweiligen Situation besonders effektiv und erfolgsversprechend ist, muss der Athlet selbst entscheiden. Allerdings gibt es wissenschaftliche Studien, die zeigen, dass erfolgreiche Athleten bestimmte Techniken und Strategien bevorzugen:

➡ Wenn die bedrohliche Situation *subjektiv kontrollierbar* erscheint, sind eher aktiv orientierte Bewältigungsstrategien erfolgsversprechend. Sie eröffnen die Möglichkeit die Situation zu beeinflussen und zu verändern. Wir sprechen von p*roblemorientierten Bewältigungsstrategien*. So ist beispielsweise bei physiologischen Problemen wie Krämpfen, die „Suche nach Informationen" angebracht: „Wie kann ich die Krämpfe in den Griff bekommen?"

➡ Wenn die Situation *subjektiv unkontrollierbar* erscheint, sind eher passiv orientierte Bewältigungsstrategien erfolgsversprechend. Damit lassen sich zumindest negative Emotionen kontrollieren. Deshalb werden diese Strategien *emotionszentrierte Bewältigungsstrategien* genannt. In der Situation „Gegnerkontakt" kann zum Beispiel die Strategie „Abreaktion" unter Umständen sehr hilfreich sein.

Über Selbstbeobachtung zu Selbstkontrolle

Wir haben festgestellt, dass es möglich ist unseren physischen Zustand über unsere psychischen Möglichkeiten unter Kontrolle zu halten.

Über eine wirksame Selbstbeobachtung kann dieser Vorgang auch umgekehrt werden. Wir können unterschiedliche Bereiche beschreiben, mit denen wir direkt auf unseren Körper einwirken können um eine bessere mentale und emotionale Kontrollfähigkeit zu erlernen:

➡ **Augen**
Aus psychologischen Untersuchungen ist bekannt, dass sich eine starke visuelle Konzentration positiv auf die geistige und emotionale Konzentrationsfähigkeit auswirkt. Versuchen Sie in Training und Wettkampf ihren Blick auf relevante Situationen zu konzentrieren und ihn nicht ziellos umherschweifen zu lassen.

➡ **Rituale**
Viele Athleten können über ritualisierte Handlungen eine hohe Konzentrationsfähigkeit erlangen. Sie bewahren vor Druck von außen und helfen dabei Handlungen besser zu kontrollieren da sie vor übereifrigem Verhalten schützen.

➡ **Optimales Tempo**
Gleichförmigkeit und ein guter Rhythmus sind Garanten für Erfolg. Bemühen sie sich auch in schwierigen Situationen ihr Tempo zu kontrollieren und nicht zu überzocken.

➡ **Atmung**
Emotionen lassen sich wirkungsvoll durch die Konzentration auf den richtigen, tiefen und kräftigen Atemrhythmus kontrollieren.

➡ **Positive Kraft**
Spüren Sie ihre eigene Kraft, vermitteln Sie über Körperhaltung und Gesichtsausdruck ihre Entschlossenheit.

➡ **Entspanntheit**
Zeigen Sie Souveränität und Gelassenheit nach außen.

➡ **Fehler**
Akzeptieren Sie ihre Fehler, versuchen Sie negative Emotionen über positive Selbstinstruktionen umzubewerten.

➡ **Positive Einstellung**
Vermitteln Sie nach außen ein positives Selbstbild und kontrollieren Sie dieses auch bei negativen Einflüssen.

Materialoptimierung

Bei der Materialoptimierung lässt sich vor allem in der zweiten Disziplin, dem Radfahren, etwas bewerkstelligen. Deshalb werden wir uns in diesem Kapitel vor allem damit beschäftigen.

Schwimmen

Ganz offensichtlich ist beim Schwimmen der positive Einfluss eines Neoprenanzugs. Neben seinem ursprünglichem Zweck, der Wärmeisolation bei kalten Wassertemperaturen, sorgt er durch den erhöhten Auftrieb für eine bessere Wasserlage. Vor allem schlechtere Schwimmer unter den Triathleten profitieren davon.

In einer Untersuchung von Chatard u.a. konnten Triathleten ihre Schwimmleistung in einem 400m Testschwimmen unter Nutzung eines Neoprenanzugs um 6,6 Prozent steigern. Umgerechnet auf einen Kilometer ergibt sich dadurch eine Zeitersparnis im Bereich von einer Minute. Tendenziell profitieren schlechtere Schwimmer noch etwas mehr von der „Auftriebshilfe" Neoprenanzug, auf der Ironmandistanz kann dies dann durchaus auch bis zu 10 Minuten betragen!

Herrscht Neoprenverbot, so kommen heutzutage vermehrt Schwimmanzüge zum Einsatz. Sie bieten zwar keinen Auftrieb, aber ihre optimierte Oberflächenstruktur soll einen geringeren Wasserwiderstand zur Folge haben. Bezüglich möglicher Zeitgewinne ist die Datenlage nicht ganz so eindeutig wie beim Neoprenanzug. Zwar konnten unter „Laborbedingungen" durchaus Vorteile gegenüber nackter Haut gemessen werden, unter den „chaotischen" Freiwasserbedingungen werden diese jedoch oft angezweifelt und relativiert. Festzuhalten ist, dass der Vorteil wohl tendenziell sehr gering ausfällt, aber auch nichts gegen den Einsatz eines speziellen Schwimmanzugs spricht.

Radfahren

Neben der körperlichen Fitness ist vor allem die Sitzposition ein wichtiges Kriterium für eine optimale Leistungsfähigkeit beim Zeitfahren, Und genau das ist ja die zweite Disziplin im Triathlon.

Heutzutage gibt es viele Institute, die eine individuelle Anpassung anbieten. Dies umfasst sowohl aerodynamische Gesichtspunkte als auch den Komfort auf dem Fahrrad, der bei mehrstündigen Wettkämpfen ebenfalls ein wichtiges Kriterium darstellt. Auch im Hinblick auf die abschließende letzte Triathlondisziplin, dem Laufen. Die Anpassung sollte natürlich schon geraume Zeit vor dem Wettkampf stattfinden um die Position im Training ausgiebig zu testen und sich daran zu gewöhnen.

Ein weiterer Aspekt ist das Radmaterial. Auf die jeweiligen Bedingungen angepasst, ergibt sich weiteres Potenzial für bestmögliche Wettkampfergebnisse.

Mit welchen Maßnahmen lassen sich die besten Wirkungen erzielen?

Vor allem die Aerodynamik ist ein Gesichtspunkte, der sich ganz wesentlich auf die Performance auswirkt! Aber nicht nur die! Auch der Rollwiderstand des Reifens hat einen oft unterschätzten Einfluss, den man mit der entsprechenden Reifenauswahl und dem richtigen Luftdruck leicht und relativ preiswert verringern kann. Außerdem sind da noch die Reibungsverluste in den beweglichen Teilen des Fahrrades. Auch sie werden wir einer genaueren Betrachtung unterziehen.

Kräfte und Widerstände beim Fahrradfahren

Um den Materialeinfluss beim Radfahren zu beurteilen, sollte man sich zunächst einmal die Kräfte, die auf den Radfahrer und sein Fahrrad wirken, bewusst machen. Was treibt den Radler an? Was hindert ihn an weiteren Geschwindigkeitssteigerungen?

Der Athlet versucht seine Kraft, die er bei jedem einzelnen Tritt auf das Pedal ausübt, möglichst effizient in Vortrieb umzusetzen. Die Fahrgeschwindigkeit, die er erzielt, ist immer das Ergebnis von zwei Kräften, die gegeneinander wirken, der Antriebs- und der Widerstandskraft:

1. **Antriebskraft:** sie bewegt den Fahrer mit seinem Fahrrad vorwärts und ist das Resultat der Kraft, die der Athlet auf die Pedale bringt.

2. **Widerstandskraft:** sie versucht den Fahrer in seiner Vorwärtsbewegung zu hemmen und beinhaltet mehreren Komponenten:

   ➡ *Radwiderstand*, er resultiert vor allem aus dem *Rollwiderstand* zwischen Reifen und Fahrbahn, aber auch aus der *Reibung* in Lagern und Kettentrieb.

   ➡ *Luftwiderstand*

   ➡ *Beschleunigungswiderstand*

   ➡ *Steigungswiderstand*

   ➡ *Schwingungswiderstand*

Sind beide Kräfte gleich groß, so ist das Resultat eine gleichbleibende Fahrgeschwindigkeit. Ist die Antriebskraft größer als die Widerstandskraft wird der Fahrer beschleunigt, ist sie kleiner wird er abgebremst.

Die Antriebskraft kann der Fahrer durch einen verbesserten Trainingszustand und einen effektiven Trittzyklus erhöhen.

Und wie sieht es mit der Widerstandskraft aus? Wie lässt sie sich möglichst effektiv reduzieren? In erster Linie mit einer aerodynamisch optimierten Sitzposition. Das ist ein Thema dem man sich bereits lange vor dem Wettkampftermin widmen sollte. Uns interessieren jetzt die Möglichkeiten, die sich mit der Materialauswahl direkt am Wettkampftag beeinflussen lassen.

Wie wir gesehen haben setzt sich die Widerstandskraft aus mehreren Komponenten zusammen. Die Widerstände, die wir auch merklich beeinflussen können, sind:

- Rollwiderstand
- Luftwiderstand
- Beschleunigungswiderstand
- Steigungswiderstand
- Lager- und Kettenreibung

Der *Schwingungswiderstand* ist eine ganz schwer erfass- und berechenbare Größe. Das rührt daher, dass es sich beim Radfahrer inklusive seines Materials um ein sehr komplexes System handelt. Da aber der Einfluss des Schwingungswiderstands auf die Widerstandskraft bei Rennrädern sehr gering ist, können wir ihn in unserer Betrachtung vernachlässigen. Bei Mountain-Bikes mit Dämpfungssystemen (Federgabel, Hinterbau) ist der Einfluss wesentlich größer, so das sich in diesem Fall eine genauere Betrachtung lohnen würde.

Auch der *Beschleunigungs-* und *Steigungswiderstand* spielen im Triathlon eine untergeordnete Rolle. Große Verbesserungspotenziale ergeben sich vor allem bei *Roll-* und *Luftwiderstand*, das letzte Quäntchen bei *Lager-* und *Kettenreibung*. Nachfolgend werden wir diese einer genaueren Betrachtung unterziehen und konkrete Tipps für den Wettkampf geben.

Der Rollwiderstand

Der Rollwiderstand spielt sich zwischen Fahrbahnoberfläche und Reifen ab. Er ist die Folge von Energieverlusten, die sich bei der Verformung des Reifens ergeben und setzt sich aus dem *Walkwiderstand* (unvollkommene elastische Formänderung zwischen Reifen und Fahrbahn) und dem *Abrollwiderstand* (bremsendes Kippmoment um den wahren Drehpunkt) zusammen. Der Rollwiderstand erhöht sich zwar mit steigender Fahrgeschwindigkeit, hängt aber nur unwesentlich mit dieser zusammen.

Der Rollwiderstand des Reifens ist vor allem von dessen Eigenschaften abhängig. Also beispielsweise von der verwendeten Gummimischung oder dem Aufbau des Mantels. Im Internet und in Fachmagazinen werden regelmäßig Tests zu den aktuellen Reifenmodellen publiziert. Es lohnt sich auf jeden Fall einen Blick darauf zu werfen, da sich hier durchaus teilweise Watteinsparungen im zweistelligen Bereich erzielen lassen. Und das zu vergleichsweise geringen Kosten!

Zur Verringerung des Rollwiderstands kann man neben den Eigenschaften des Reifens auch an dessen veränderbaren Variablen ansetzen. Das betrifft zum Beispiel den Luftdruck. Ob, und in welchem Ausmaß, auch die Reifenbreite ein Kriterium darstellt, werden wir noch sehen.

Neben dem Rollwiderstand ist der Reifen natürlich auch wesentlich für den Fahrkomfort verantwortlich. Schließlich stellt er die Kontaktfläche zwischen Fahrrad und Fahrbahn dar und überträgt damit Unebenheiten und Schlaglöcher der Straße unmittelbar auf den Fahrer. Generell kann man festhalten, dass zunehmendes Reifenvolumen und abnehmender Reifendruck den Komfort erhöhen, da dadurch die Stöße, Schläge und Fahrbahnunebenheiten besser abgefedert werden.

Eine weitere wichtige Aufgabe des Reifens stellt dessen Bodenhaftung dar. Sie ergibt sich unter anderem aus der verwendeten Gummimischung und dem generellen Aufbau. Sowohl im Trockenen wie auch bei Nässe sollte der Reifen den Fahrer zuverlässig um die Kurve bringen. Gerade Bodenhaftung und Rollwiderstand sind zwei sehr gegensätzliche Anforderungen an einen Reifen und lassen sich nur schwer unter einen Hut bringen.

Man sieht, dass der Reifen einen großen Einfluss auf Fahrverhalten, -komfort und -widerstand ausübt und vielen, teilweise sehr widersprüchlichen, Anforderungen genügen muss.

Ist das Modell des Fahrradreifens erst einmal ausgewählt, so kann man noch an zwei Stellschrauben drehen, die sich dann sowohl auf Rollwiderstand als auch auf den Fahrkomfort auswirken.:

➡ der Luftdruck

➡ die Reifenbreite

Die Reifenbreite hat zusätzlich Einfluss auf die Aerodynamik des Rades, vor allem am Vorderreifen. Diesen Gesichtspunkt werden wir dann im Kapitel Aerodynamik noch einmal aufgreifen.

Der Luftdruck

Je höher der Luftdruck eines Reifens gewählt wird, desto geringer wird sein Rollwiderstand. Allerdings leidet bei zunehmendem Luftdruck auch der Fahrkomfort, die Unebenheiten der Fahrbahn werden nicht mehr abgefedert und der Fahrer spürt die Schläge unmittelbar über Sattel und Lenker. Damit ist natürlich auch eine deutlich größere Haltearbeit notwendig, Verspannungen und eine Ermüdung der Haltemuskulatur treten früher ein. Auch das kann sich negativ auf die Leistungsfähigkeit auswirken!

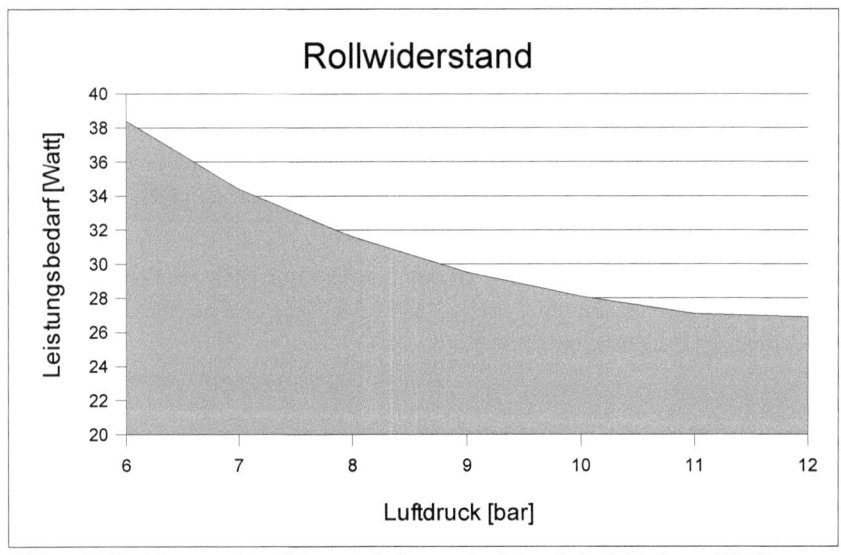

Abb.: Rollwiderstand in Abhängigkeit vom Luftdruck (vgl. Kühnen 2008)

Die Abhängigkeit von Rollwiderstand und Luftdruck ist im Diagramm dargestellt. Mit zunehmendem Luftdruck wird der Rollwiderstand deutlich kleiner.

Außerdem fällt auf, dass sich Luftdruckerhöhungen bei geringen Drücken wesentlich stärker auswirken als wenn der Reifen bereits prall gefüllt ist. Hier bringen weitere Druckerhöhungen nicht mehr viel, die Kurve nähert sich einer Asymptote an. 3 Watt Leistungsersparnis zwischen 9 und 12 Bar stehen knapp 10 Watt zwischen 6 und 9 Bar gegenüber. Gemessen wurden diese Werte bei 35 km/h.

Was man aus der Kurve natürlich nicht ablesen kann, ist der abnehmende Fahrkomfort. Bei sehr hohen Drücken spürt man jede Unebenheit und jedes Loch in der Fahrbahn, die Fahrt wird zunehmend ruppiger. Trotzdem kann man mit dem richtigen Luftdruck durchaus 5-10 Watt an Leistungsersparnis herauskitzeln, und das bei noch annehmbarem Komfort. Bei der angesprochenen Geschwindigkeit von 35 km/h bedeutet dies immerhin einen Gewinn von etwa 0,5 km/h.

Die Reifenbreite

Die meisten Athleten gehen davon aus, dass der Rollwiderstand umso kleiner wird, je schmaler der Reifen ist. Im Zeitfahren waren früher die nur 19mm breiten speziellen Zeitfahrreifen erste Wahl. Aber ist dem wirklich so? Lohnt sich der Griff zu den extraschmalen Reifen? Den vermeintlich geringeren Rollwiderstand erkauft man sich schließlich auch mit deutlichen Komforteinbusen!

Der Einfluss der Reifenbreite auf den Rollwiderstand lässt sich aus einer einfachen physikalischen Formel herleiten:

$$P = F / A$$

P = Reifendruck [bar]
F = Gewichtskraft von Fahrer und Fahrrad [N]
A = Aufstandsfläche des Fahrradreifens [mm^2]

Stellt man die Formel um nach der Reifenaufstandsfläche um, erkennt man, dass diese bei konstantem Gewicht des Gesamtsystems und konstantem Reifendruck immer identisch ist. Und das unabhängig von der Reifenbreite:

$$A = F / P$$

Was folgt aus dieser Betrachtung?

Dazu schauen wir uns zunächst einmal die Reifenaufstandsfläche bei unterschiedlicher Reifenbreite an.

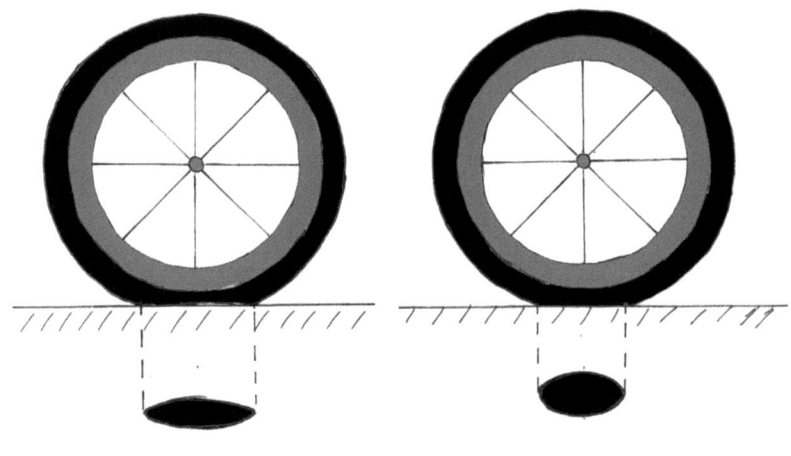

Reifenbreite 20mm   Reifenbreite 23mm

Abb.: Reifenaufstandsfläche bei unterschiedlicher Reifenbreite

Wie man in der Abbildung erkennen kann, ergibt sich bei gleicher Fläche für den breiteren Reifen eine wesentlich kürzere Aufstandsfläche. Das bedeutet, dass der Reifen weniger stark eingedrückt wird. Damit muss er weniger Walk-arbeit verrichten, was natürlich auch einem geringeren Rollwiderstand zugute kommt. Zum anderen wird aber auch das für den Abrollwiderstand bremsende Kippmoment des Reifen kleiner. Auch das spricht für eine Verbesserung des Rollwiderstandes!

Ergo: der breitere Reifen hat bei gleichem Druck einen geringeren Roll-widerstand!

Nachdem moderne Reifen auch in der Breite von 23 oder 25mm mit Drücken bis zu 10 Bar gefahren werden können, ist unter dem Gesichtspunkt des Roll-widerstands der breitere Reifen die bessere Wahl. Oder anders ausgedrückt: der breitere Reifen kann bei gleicher Aufstandslänge mit niedrigerem Druck ge-fahren werden. Dies kommt dann wiederum dem Fahrkomfort zugute. Zwar wird damit auch die Gesamtaufstandsfläche größer, der Einfluss der Aufstands-länge auf den Rollwiderstand ist aber sicherlich wesentlich größer.

Was ist bei der Reifenauswahl zu beachten?

Das kommt natürlich vor allem auf dessen Einsatzzweck an. Schließlich werd-en an den Fahrradreifen mehrere -sich teilweise gegenseitig ausschließende-Anforderungen gestellt, die er nicht alle in gleichem Maß erfüllen kann:

- ➡ Pannensicherheit

- ➡ geringer Rollwiderstand

- ➡ gute Bodenhaftung bei trockener und nasser Fahrbahn

Die Reifenhersteller versuchen Ihren Reifen den bestmöglichen Kompromiss mitzugeben. Manchen gelingt dies besser, manchen weniger gut. Untersuch-ungen haben ergeben, dass bezüglich des Rollwiderstands aktueller Draht-reifen bei 35 km/h der schlechteste gegenüber dem besten einen Leistungs-Mehraufwand von über 20 Watt verursacht. Das bedeutet einen Geschwind-igkeitsvorteil des „Leichtrollers" von etwa 1,5 km/h. Vor der Auswahl und Kauf eines Reifens lohnt sich also auf jeden Fall der Blick in aktuelle Testver-öffentlichungen.

Schlauchwahl

Auch der Schlauch hat einen Einfluss auf den Rollwiderstand: Je leichter der Schlauch desto geringer wird der Rollwiderstand der Reifen/Schlauch Kombination. Allerdings wird damit normalerweise auch die Pannenanfälligkeit größer.

Latexschläuche verursachen geringere Rollwiderstände als Butylscläuche. Sie haben aber den Nachteil, dass sie schneller an Luft verlieren und daher öfter nachgepumpt werden muss.

Damit haben wir beim Fahrradschlauch vor allem zwei Einflussgrößen, die den Rollwiderstand beeinflussen:

1. **Gewicht**: je leichter der Schlauch, desto geringer der Rollwiderstand

2. **Material**: Latex hat die besseren Rolleigenschaften als Butyl

Generell kann man mit einem Latexschlauch gegenüber einem schweren Butylschlauch bei 35 km/h eine Leistungsersparnis von 4-6 Watt erwarten, das bedeutet eine Senkung von etwa 15 Prozent und eine Geschwindigkeitssteigerung von etwa 0,2 bis 0,3 km/h.

Der Luftwiderstand

Auf ebener Strecke hat der Luftwiderstand den mit Abstand größten Einfluss auf die maximal erreichbare Geschwindigkeit. Er entsteht durch den Staudruck, das ist die Luftsäule, die der Fahrradfahrer vor sich her schiebt, sowie durch die Reibung zwischen der Körper- und Fahrradoberfläche und der umströmenden Luft. Der Luftwiderstand ist erstens von der Form des umströmten Körpers und zweitens von der Größe dessen Stirnfläche abhängig.

Den größten Einfluss auf die Aerodynamik hat mit Sicherheit die Sitzposition. Es lohnt sich auf jeden Fall, dass man bereits zu Beginn der Saison seine Position auf dem Fahrrad sowohl unter aerodynamischen als auch Gesichtspunkten des Komforts optimiert.

Was kann man zusätzlich beim Wettkampf noch optimieren?

Zur Beschreibung der aerodynamischen Güte eines Körpers verwendet man den sogenannten cw-Wert. Er wird experimentell in Strömungsversuchen im Windkanal ermittelt und gilt bei frontaler Anströmung. Kommt zum Fahrtwind noch ein seitlicher Wind hinzu, so ändert sich der cw-Wert des Körpers. Unter realen Fahrbedingungen ist die Richtung des Windes nur bei Windstille oder Gegen-, beziehungsweise Rückenwind, direkt von vorne. Ansonsten ergibt sich aus Fahrt- und Seitenwind ein resultierender Wind von der Seite. In der nachfolgenden Abbildung ist dies gut zu erkennen.

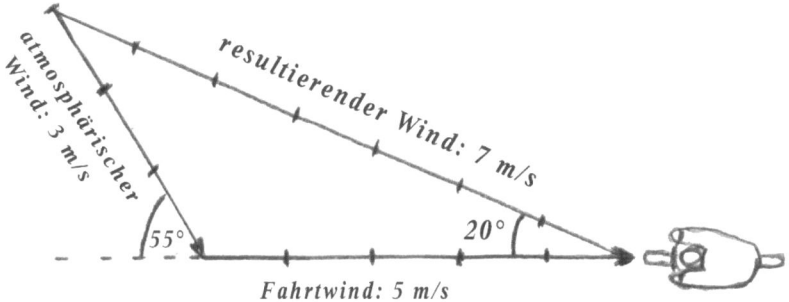

Abb.: resultierender Wind

Bei geometrischer Addition von Seiten- und Fahrtwind ergibt sich ein resultierender Wind mit neuem Betrag und Richtung. Dieser ist für die aerodynamische Betrachtung der entscheidende Wert. Aus der Zeichnung kann man ableiten, dass er umso frontaler wird, je kleiner der Seitenwind und desto größer die Fahrgeschwindigkeit. Unter realen Bedingungen liegt die Anströmung auf den Fahrer zu etwa 60 bis 70 Prozent im Bereich von 5 bis 15 Grad. Dies ist auch bei Materialtests ein wichtiger Aspekt. Oft unterscheiden sich zum Beispiel Laufräder bei frontaler Anströmung in ihren aerodynamischen Eigenschaften kaum voneinander, fällt der Wind aber unter einem größeren Winkel ein, gibt es teilweise schon deutlich größere Unterschiede zu verzeichnen.

Die absolute Zeitersparnis, die sich durch aerodynamische Maßnahmen erreichen lässt, differiert zwischen Athleten unterschiedlichen Leistungsniveaus. Die absoluten Werte der Einsparungen bei höherer Geschwindigkeit sind natürlich deutlich höher, so dass schnelle Fahrer durch die höhere Fahrgeschwindigkeit prozentual mehr profitieren, dafür sind sie aber auch deutlich kürzer unterwegs, so dass die absolute Zeitersparnis bei beiden ähnlich ausfällt.

Aerodynamische Optimierungsmaßnahmen

Mit der Anpassung der Sitzposition ist in Sachen Aerodynamik bereits eine wesentliche Komponente optimiert. Die weiteren Maßnahmen fallen weit weniger ins Gewicht und die einzelnen Effekte sind schwer zu bewerten. Das rührt daher, dass das Gesamtsystem aus Fahrer und Fahrrad vielen unterschiedlichen Einflussfaktoren ausgesetzt ist und sich die einzelnen Komponenten gegenseitig beeinflussen. Je nach Seitenwind, Körperhaltung, Körperform, usw. können individuell sehr unterschiedliche Luftströme auftreten.

Aerodynamische Untersuchungen von Kühnen (2018) haben nach einer Sitzpositions- und Laufradoptimierung für weitere Maßnahmen folgende Leistungseinsparungen bei 45km/h (Leistungsbedarf etwa 350 Watt) ergeben:

- ➡ Zeitfahrrahmen: 17 Watt

- ➡ eng anliegender Zeitfahranzug: 10 Watt

- ➡ Aerohelm: 3 Watt

Zum Vergleich: die Optimierung der Sitzposition von der Oberlenkerhaltung zur Zeitfahrposition hat bei der vorliegenden Untersuchung 110 Watt eingespart, zwischen Ober- und Unterlenkerhaltung waren es immerhin knapp 60 Watt. Die Verwendung eines Tri-Spoke Vorderrads in Verbindung mit einer Scheibe als Hinterrad brachte im Gegensatz zu einem konventionelle 32-Speichen Laufradsatz mit leichter Tropfenfelge bei bereits optimierter Sitzposition immerhin 22 Watt Leistungsersparnis.

Sinknecht (2005) kommt bei seinen Untersuchungen (ebenfalls bei 45 km/h) auf ähnliche Trends. Seine Werte der Einsparungen gegenüber eines konventionellen Rennrades mit 32-Speichen-Laufrädern:

➥ Zeitfahrrahmen: 23 Watt

➥ Aerolaufräder: 38 Watt

➥ Aerohelm: 6 Watt

Je nach Testdesign und Vergleichskomponenten kommen bei den Ergebnissen teilweise etwas unterschiedliche Werte zustande. Auch beeinflussen sich die Komponenten gegenseitig, so dass es schwer fällt allgemeingültige und objektive Daten zu liefern. Trotzdem können einige Ratschläge helfen um neben der Sitzposition weiteres aerodynamisches Potenzial auszureizen. Die Komponenten, die in diesem Zusammenhang besonders erwähnens- und betrachtenswert sind:

➥ Laufräder

➥ Zeitfahrrahmen

➥ Position der Trinkflaschenhalter

➥ Aerohelm

➥ Zeitfahreinteiler

Was ist bei der Auswahl dieser Komponenten zu beachten?

Wo sind Optimierungspotenziale mit dem besten Preis-/Leistungsverhältnis?

Die Anschaffungskosten moderner Zeitfahrräder bewegen sich zum Teil in astronomischen Höhen! Doch auch mit weniger hohen Ausgaben lässt sich konkurrenzfähiges Material zusammenbauen!

Wenn in den nachfolgenden Ausführungen nichts weiteres angegeben ist, so beziehen sich die Werte der Watt-Einsparung auf eine Geschwindigkeit von 45 km/h. Das ist der Standard bei den Testdesigns im Windkanal für den Radsport.

Zeitfahrrahmen

Was bringen moderne Zeitfahrrahmen? Neben einem großen Loch im Geldbeutel?

Moderne Zeitfahrrahmen bieten neben aerodynamischen Gesichtspunkten viele praktische und innovative Details wie integrierte Trinksysteme oder Proviantboxen. Die Aerodynamik eines Zeitfahrrahmens ist dem eines normalen Straßenrahmen weit überlegen, z.B. allein die Verlegung der Brems- und Schaltzüge in den Rahmen kann bereits eine Ersparnis von zwei bis drei Watt (bei 45 km/h) bewirken..

Jekel und Kühnen (2017) errechneten aufgrund von Windkanaltests auf der Ironmanstrecke einen Zeitvorteile von etwa 10 Minuten zwischen einem guten Zeitfahrrahmen und einem konventionellen Straßenrahmen, der auf triahletische Bedürfnisse optimiert wurde. Dabei spielt das Leistungsniveau eine untergeordnete Rolle, schnelle Fahrer profitieren durch die höhere Fahrgeschwindigkeit prozentual natürlich mehr, dafür sind sie auch deutlich kürzer unterwegs, so dass die absolute Zeitersparnis ähnlich ausfällt.

Auch innerhalb der Gruppe moderner Triathlonrahmen gibt es Unterschiede. Fachmagazine veröffentlichen regelmäßig Tests. Ein Blick lohnt sich unter Umständen. Wie viel Geld einem die eine oder andere Wattersparnis wert ist, muss dann jeder für sich entscheiden.

Laufräder

Laufräder sind die Komponenten am Fahrrad, die mit das größte aerodynamische Optimierungspotenzial haben. Auch hier gibt es regelmäßig Testberichte in Fachmagazinen, die eine gute Orientierung im reichhaltigen Angebot bieten.

Laufräder unterscheiden sich bei Naben, Speichenanzahl und -profil, Felgenhöhe und -profil und der Position der Speichennippel (innen- oder außenliegend).

Generell kann man festhalten, dass Aero-Naben mit kleinem Durchmesser und glatter Oberfläche Vorteile bieten. Weniger Speichen sind tendenziell besser, aerodynamisch geformte Speichen ebenso. Bauchige hohe Felgenprofile sind aerodynamischer, innenliegende Nippel ebenfalls. Diese Aussagen kann man als grobe Orientierung heranziehen, letztendlich ist es das Zusammenspiel der

einzelnen Komponenten, die ein aerodynamisch optimiertes Laufrad aus-
machen. Bei frontaler Anströmung kann das eine besser sein, bei Seitenwind
kann ein anderes überlegen sein.

Ein Scheibenrad kann gegenüber einem sehr guten Hochprofillaufrad nochmals
zwei, drei Watt einsparen. Ob das die Anschaffung rechtfertigt muss der Athlet
selbst entscheiden.

Was ist zusätzlich zu beachten?

Ein oft unterschätztes Detail ist das Zusammenspiel von Felge und Reifen. Ein
breiter Reifen auf einer „schmalen" Felge kann zu Strömungsabrissen und
drastisch verschlechterter Aerodynamik führen. Das ist ein Grund für die in den
letzten Jahren immer breiter und bauchiger gewordenen Felgenprofile, die dann
auch den Einsatz breiterer Reifen zulassen. Generell sollte der Reifen nicht
breiter als die Felge ausfallen und an der Stirnfläche einen möglichst geraden
Übergang bilden. So wird dann vor allem ein Strömungsabriss bei Seitenwind-
verhältnissen vermieden.

Position des Trinkflaschenhalter

Ein weiterer interessanter Gesichtspunkt ist die aerodynamische Positionierung
von *Flaschenhaltern und Trinksystemen*. Allgemeingültige Aussagen zu
treffen ist schwierig, da das ganze auch stark von Rahmen und Sitzposition
beeinflusst wird. Viele Zeitfahrrahmen haben bereits integrierte und aerodynamisch optimierte Trinksysteme. Das ist natürlich die optimale Lösung.

Die klassische Variante mit zwei runden Radflaschen an Sattel- und Unterrohr
ist die mit Abstand schlechteste Lösung, sie kostet den Fahrer bereits bei 36
km/h durchaus sechs bis acht Watt an Leistung, das ist eine Menge!

Deutlich besser ist die Variante hinter dem Sattel, hier können auch zwei
Flaschen nebeneinander platziert werden. Dadurch, dass sich die Flaschen im
Windschatten des Fahrers befinden sind die Aero-Verluste minimal. Man sollte
darauf achten, dass die Halter möglichst nah am Sattel mit einer Schrägstellung
von etwa 45° montiert werden. Wenn sich die Unterkante des Flaschenhalters
dann auch noch nicht weiter als fünf Zentimeter unter der Sattelunterkante
befindet werden Verwirbelungen klein gehalten. Das Ganze kann man mit einer
Aerobottle am Unterrohr kombinieren, die ebenfalls nur minimale Verluste

kostet. Hier kann man Verpflegung in Form von Gels einfüllen und die Flaschen hinter dem Sattel mit Wasser befüllen. An den Verpflegungsstationen tauscht man lediglich die Wasserflaschen hinter dem Sattel aus und hat so seine Energielieferung über die komplette Raddistanz gesichert.

Eine weitere Lösung ist die Flasche zwischen die Arme auf den Extensions zu platzieren. Diese Befestigung ist weitestgehend aeroneutral. Auch sogenannte Torpedo Bottles können zwischen den Extensions befestigt werden und sind aus aerodynamischer Sicht eine gute Variante. Allerdings muss man dabei darauf achten, dass die Position der Armpads noch eng genug eingestellt werden kann!

Bekleidung

Unter Bekleidung fallen der Triathloneinteiler/Radanzug sowie der (Aero-) Helm.

Beim *Triathlonanzug* geht es um die Optimierung von zwei Gesichtspunkten:

- ➡ dem faltenfreien Sitz
- ➡ der Verwendung von strömungsgünstigen Materialien

Den erste Gesichtspunkt kann man nur durch Anprobe unterschiedlicher Anzüge testen. Generell sollte der Anzug eng sitzen, aber auch nicht in der Bewegungsfähigkeit einschränken.

Auch im Bereich der Triathlonanzüge geht die Entwicklung immer weiter, in den Fachmagazinen werden jedes Jahr die neuesten Modelle getestet. Laut Buchholz (2019) sparen gut designte und gut sitzende Anzüge gegenüber einem handelsüblichen „Standardtrikot" bei 45 km/h bis zu 30 Watt ein, bei 35 km/h sind es immerhin noch bis zu 15 Watt. Umgerechnet auf die 180 Kilometer einer Langdistanz bedeutet dies einen Zeitgewinn von mehreren Minuten! Auch innerhalb der Gruppe der Einteiler treten teilweise deutliche Zeitunterschiede auf, ein Blick in die Testberichte der aktuellen Modelle lohnt sich auf jeden Fall!

Ähnlich verhält es sich mit dem Zeitgewinn durch einen *Aerohelm*, auch hier kann man sich an den Testberichten der Fachmagazine orientieren. Einsparungen im Bereich von bis zu zehn Watt sind realistisch. Allerdings sollte man bedenken, dass auch die Kopfhaltung die Aerodynamik stark beeinflusst. Gerade bei Helmen mit längerem Schweif! Der Helm sollte mit dem Rücken eine gerade Linie bilden und nicht nach oben stehen! Durch diese Haltung entstehen weniger Verwirbelungen. Nutzt man einen Helm mit kurzem oder ohne Schweif, so ist die Kopfhaltung weniger problematisch. In den letzten Jahren haben sich diese Modelle immer mehr durchgesetzt, ihr Einsatz ist unproblematischer und die aerodynamische Optimierung wurde auch bei ihnen immer besser.

Reibungswiderstand

Wo entsteht am Fahrrad Reibung? Vor allem natürlich in allen Lagern sowie an der Kette. Mittlerweile kann man auch in diesem Bereich für teure und exklusive Teile eine Menge Geld los werden. Die Hersteller versprechen teilweise enorme Leistungsvorteile. Doch machen beispielsweise Keramiklager oder mit Teflon beschichtete Ketten überhaupt Sinn? Sind sie ihre Mehrkosten wert? Wie groß ist generell der Leistungsverlust, der durch Reibung verursacht wird? Reicht nicht bereits eine regelmäßige Pflege und Wartung der Lager aus?

Lagerungen des Rades

Laut Kühnen (2018) ist die Summe aller Reibungsverluste in den Lagern so gering, dass deren Widerstände lediglich etwa 0,5 Prozent des Gesamtwiderstandes ausmacht. Damit spielt die Lagerqualität für die Reduzierung von Widerständen eine eher untergeordnete Rolle. Auch moderne Keramiklager bewirken nur unmerkliche Veränderungen und belasten in der Hauptsache den Geldbeutel. Viel wichtiger ist die regelmäßige Wartung und das Putzen der Lager. So ist deren Leichtgängigkeit gewährleistet!

Wenn sich überhaupt ein kleiner Vorteil erreichen lässt, dann lediglich beim Tuning des *Schaltwerks*. Durch Tausch des meist gleitgelagerten unteren kleinen Schaltröllchens mit 10 Zähnen gegen ein kugelgelagertes mit 15 Zähnen kann man bei 30 km/h knapp 1 Watt Leistung einsparen. Zusätzlicher positiver Effekt: die Kette läuft über einen größeren Radius, was auch hier natürlich mit weniger Reibungsverlusten verbunden ist. Wobei wir beim wichtigeren Bauteil für die Reibungswiderstände wären, der Fahrradkette.

Die Fahrradkette

Die Kette hat im optimalen Zustand einen Wirkungsgrad von 98-99 Prozent, das bedeutet, dass 1-2 Prozent der Leistung des Fahrers verloren gehen. Durch unterschiedliche Faktoren kann sich der Wirkungsgrad aber erheblich verschlechtern, so dass er sich dann durchaus auch nur noch bei 95-96 Prozent bewegen kann. Das bedeutet bei einer Leistung von 200 Watt, dass schnell einmal bis zu 5 Watt verschenkt sind! Folgende Einflüsse führen zu Leistungsverlusten an der Kette:

- → *Verschleiß*, Kette also regelmäßig putzen, schmieren und gegebenenfalls austauschen.
- → *Schräglauf*, er sollte möglichst vermieden werden.
- → *Kettenspannung*, mit zunehmender Kettenspannung verbessert sich der Wirkungsgrad, das bedeutet, dass sich eine höhere Leistung ebenso positiv auswirkt wie eine niedrige Trittfrequenz.
- → *Übersetzung*, je mehr Zähne bei der Kettenbewegung beteiligt sind, desto besser ist deren Wirkungsgrad. Das spricht dafür, dass man rechtzeitig vorne aufs große Blatt schaltet.

Im optimalen Zustand hat eine Kette bereits einen sehr guten Wirkungsgrad, der sich auch mit Teflon- oder Keramikbeschichtungen kaum steigern lässt. Wesentlich sinnvoller und effektiver ist hier die regelmäßige Pflege und Wartung sowie die Übersetzungswahl, so dass einerseits möglichst viele Zähne im Eingriff sind und andererseits ein Schräglauf der Kette vermieden wird.

Laufen

Materialauswahl und -optimierung beim Laufen?

Was kann man tun, was erwarten?

Eher schwierig!

Die einzige Stellschraube ist wohl der Laufschuh. Es gibt Untersuchungen und Berechnungen zur Effizienz leichter Laufschuhe.

Können leichte Laufschuhe die Leistung tatsächlich merklich steigern?

Es gibt Studien, die zeigen, dass es zwischen dem Gewicht von Fuß und Schuh und dem erforderlichen Sauerstoffbedarf einen Zusammenhang gibt. Laut Gourley (2014) steigt mit jedem Kilogramm an Gewicht unterhalb des Knies der Sauerstoffbedarf des Athleten um fünf bis zehn Prozent. Allerdings sprechen wir bei Schuhen von Differenzen von maximal 100 bis 150 Gramm, so dass sich der Sauerstoffmehrbedarf eher im Bereich von einem Prozent bewegt. Bei Spitzenathleten mag das ein Argument sein, bei Athleten im Mittel- oder hinteren Feld sollten andere Faktoren wie Dämpfung und optimale Passform wichtigere Kriterien darstellen! Vor allem auf der Langdistanz mit dem abschließenden Marathonlauf!

Und wie sieht es mit der Sohle aus. Es gibt Hersteller die mit besonders hoher Effizienz und Energierückfluss werben. Was ist davon zu halten?

Es gibt schlicht keine objektiven und unabhängige Studien und Testverfahren, die einen Vorteil der einen oder anderen Schuhkonstruktion belegen würden. Wenn überhaupt, dann dürften nur marginale Effekte zu erwarten sein, die in der Praxis keine Rolle spielen!

Optimales Wettkampfgewicht

Abschließend wollen wir uns noch einem Thema widmen auf das wir am Wettkampftag keinen Einfluss mehr nehmen können Es geht um's optimale Körpergewicht und dem Körperfettanteil.

Kandel, Baeyens & Clarys haben 2013 eine Studie durchgeführt, die in diesem Zusammenhang interessante Gesichtspunkte zur möglichen Wettkampfperformance von Athleten hervorbrachten.

In der Studie ging es um den Zusammenhang unterschiedlicher Kriterien mit dem Wettkampfergebnis in einem Ironman. Also im Prinzip um die Frage „Was haben erfolgreiche Athleten (innerhalb ihrer Altersklasse) gemeinsam?

Ein überraschendes Ergebnis der Studie ist die Tatsache, dass es keinen großen Zusammenhang mit dem Trainingsumfang gibt. Zwar gibt es einen gewissen Mindest-Trainingsumfang um eine Ironman-Distanz erfolgreich zu bewältigen, im Feld der schnellsten Athleten waren aber genauso Sportler mit zehn wie mit zwanzig Trainingsstunden in der Woche vertreten.

Den größten Zusammenhang stellte die Studie zu den sogenannten Somatotypen der Sportler sowie deren Körperfettgehalt fest. Der Somatotyp beschreibt die Körpergestalt des Athleten. Wir unterscheiden drei unterschiedliche Typen:

➡ *ektomorph*: hager, dünn, schlaksig, mit wenig Körperfettgehalt

Der ektomorphe Typ wird durch einen kurzen Oberkörper, lange Arme und Beine, schmale Füße und Hände sowie sehr geringe Fettspeicherung charakterisiert. Erkennbar sind ein eher kleiner Brustkorb und schmale Schultern sowie meist lange, dünne Muskeln.

➡ *mesomorph*: athletisch, muskulös

Erkennbar sind ein mächtiger Brustkorb, der Körper in V-Form (Sanduhrform bei Frauen), markante Wangenknochen und massiver Unterkiefer, langes und breites Gesicht.
Fettanlagerungen sind im Allgemeinen meist nur an Bauch und Hüfte erkennbar. Der mesomorphe Typ hat meist große Hände und Füße,

einen langer Oberkörper, kräftige Muskulatur und große Körperkraft.

→ **endomorph**: weicher Körpertyp, hoher Körperfettgehalt

Endomorphe Typen sind durch eine weiche Muskulatur, kurze Arme und Beine, ein rundes Gesicht, einen kurzer Hals charakterisiert.

Die wenigsten Menschen lassen sich eindeutig einem Somatotypen zuordnen, normalerweise treten Mischformen mit mehr oder weniger großer Dominanz eines Typen auf.

Doch zurück zur Studie! Was sind die Ergebnisse?

Es zeigte sich, dass die schnellsten Athleten innerhalb ihrer Altersklassen dünn, hager und mit wenig Körperfett ausgestattet waren. Der Zusammenhang dieser Kriterien mit der erreichten Zielzeit erwies sich als deutlich größer als zum Beispiel der Zusammenhang zwischen Wettkampfergebnis und Trainingsumfang! Mit einer Einschränkung: bei den weiblichen Athletinnen konnte dieser Zusammenhang nicht so eindeutig bestätigt werden!

Schlüsselt man den erwähnten Zusammenhang noch auf die einzelnen Disziplinen auf, so ergab sich vor allem beim Laufen eine große Korrelation. Das verwundert nicht, da beim Laufen das eigene Körpergewicht getragen und bei jedem Schritt beschleunigt werden muss. Eine geringe Körpermasse ist von großem Vorteil! Beim Schwimmen ist der Zusammenhang am wenigsten ausgeprägt, auch das verwundert nicht. Schließlich trägt einen das Wasser. Das Radfahren nimmt eine Mittelstellung ein.

Seine Veranlagung und den Körpertyp kann man nur sehr bedingt beeinflussen, seinen Anteil an Körperfett und damit auch die „Verschiebung" in Richtung hager und leicht, sehr wohl. Und vor allem beim abschließenden Lauf trennt sich dann die Spreu vom Weizen, spätestens jetzt setzen sich die durchtrainierten, hageren Athleten mit geringem Körperfettgehalt vom Rest des Feldes ab!

Fitzgerald (2013) kommt bei seinen Betrachtungen zur optimalen Wettkampfform zu ähnlichen Schlussfolgerungen. Er postuliert, dass „ein niedriger Körperfettgehalt das einzige anthropometrische Charakteristikum ist, das alle Profiausdauersportler miteinander verbindet"!

Die Körperzusammensetzung ist ein hervorragender Indikator für die sportliche Leistungsfähigkeit. Beim Vergleich von Ausdauerathleten korrelierte der Körperfettgehalt sehr stark mit der erreichten Wettkampfzeit. Männliche Top-Triathleten haben einen Körperfettanteil im Bereich von sechs bis zehn Prozent, weibliche Topathletinnen bewegen sich im Bereich von 12-16 Prozent.

Körperfett- Die Hautfaltenmessung

Mit Hilfe eines Hautfaltenmessgerätes, einem Caliper, lässt sich der Körperfettanteil durch Messung des Unterhautfettgewebes an verschiedenen Körperstellen sehr genau bestimmen. Die Kalipometrie baut dabei darauf, dass 50-70 Prozent des Körperfetts subkutan unter der Haut eingelagert ist.

Das Messgerät verfügt über eine Feder, die sicherstellt, dass bei der Messung ein definierter und reproduzierbarer Druck ausgeübt wird. Es existieren mehrere Verfahren, die sich in der Anzahl der Messpunkte und der Berechnungsformel zur Bestimmung des Körperfettanteils unterscheiden. Die Hautfaltenmessung stellt eine einfache und sehr zuverlässige Methode dar, die recht genaue Werte liefert.

Testdurchführung

Zur Messung wird die Dicke der Hautfalte an unterschiedlichen Körperstellen ermittelt. Anschließend wird mit Hilfe von Umrechnungstabellen, beziehungsweise Formeln, der Körperfettanteil bestimmt. Generell gilt: je mehr Messpunkte verwendet werden, desto genauer fällt das Ergebnis aus. Mit vier Messpunkten erhält man bereits sehr gute Werte.

Zur Hautfaltenmessung wird mit Daumen und Zeigefinger eine ca. 3-5 cm große Hautfalte gegriffen und mit Hilfe eines Calipers gemessen. Dabei ist folgendes zu beachten:

- Beste Ergebnisse ergeben sich, wenn die Messungen von einer zweiten Person durchgeführt wird

- Mit Daumen und Zeigefinger wird an den Messpunkten eine circa 3-5 cm große Hautfalte gegriffen, diese wird mindestens 1-3 cm nach oben gezogen und gehalten.

- Die Messung der Hautfalte erfolgt etwa 0,5 cm neben den Fingern.

- Die Messung sollte möglichst immer von derselben Person durchgeführt werden.

Folgende Körperstellen können zur 4 Punkt Messung herangezogen werde:

- *Achsel*höhle, vordere Falte unterhalb des Brustmuskelansatzes

- *Bauch*, etwa 3 Zentimeter neben dem Bauchnabel

- *Brust*, in der Mitte zwischen Brustwarze und Achsel

- *Schulterblatt*, in der Mitte waagrecht am inneren Rand

4 Falten Formel nach NHCA

Bei der 4 Falten Formel des NHCA (National Health Center of America) werden die vier angegebenen Messpunkte genommen und bei der Berechnung zusätzlich das Alter des Athleten berücksichtigt.

Die zugehörige Berechnungsformel lautet:

$$KF = 0,27784 \times S - 0,00053 \times S^2 + 0,12437 \times A - 3,28791$$

KF	=	Körperfettanteil [%]
S	=	Summe der Hautfalten [mm]
A	=	Alter [Jahre]

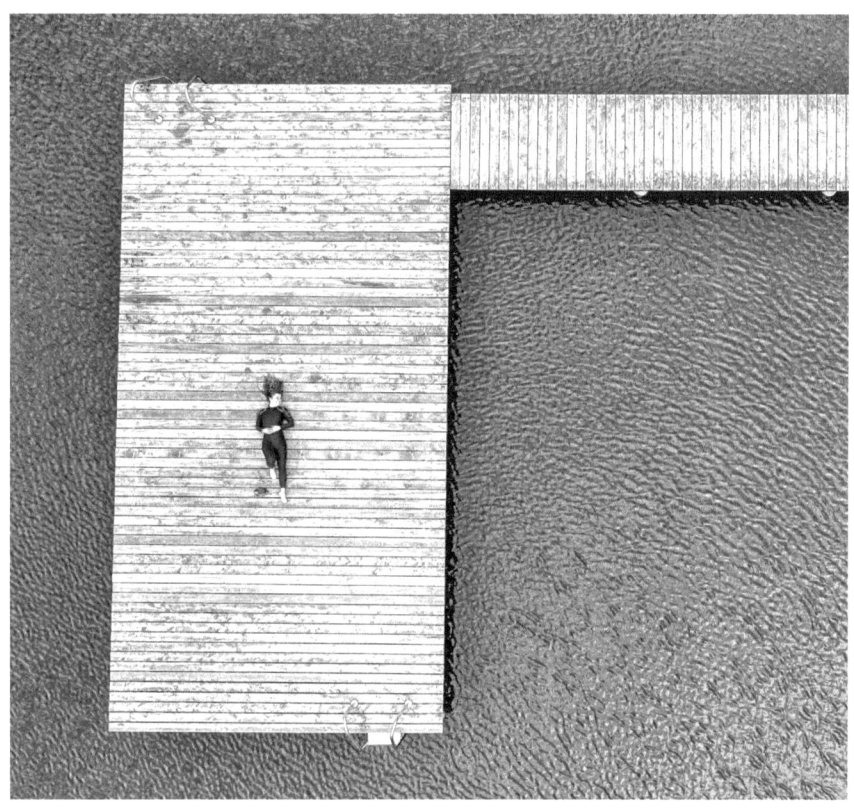

Literatur & Internet

Literatur

Allen, Hunter; Coggan, Abdrew: Training and Racing with a Power Meter. VeloPress Verlag; Boulder Colorado, USA 2010

Allen H.; Coggan A: Wattmessung. Spomedis Verlag, Hamburg 2012

Allen H.; Cheung S.: Schneller Rad fahren. Spomedis Verlag, Hamburg 2013

Banister E.W., Carter J.B., Zarkadas P.C.: Training theory and taper: validation in triathlon. Eur J Appl Physiol Occup Physiol 79: 182-191, 1999

Baron: Der Power Index. In: Österreichisches Journal für Sportmedizin 2/2004

Bogdanski, Jennifer: Treibstoff für den Athleten. In leichtathletik training 9/2005; philippka Sportverlag; Münster 2005

Buchholz,Volker; Schmeck, Joachim: Alles Aero. In RennRad 8/2019. BVA BikeMedia GmbH; München 2019

Bossmann, Thomas: Ermüdung – Erkenntnisse und Schlussfolgerungen. In: Leistungssport 5/2014. phillipka- Sportverlag; Münster 2012

Brings, Johanna: Leistungsdiagnostik, Seminarunterlagen. Deutsche Trainer Akademie 2007

Chatard et al.: Wet Suit Effect: A Comparison between Competitive Swimmers and Triathletes. In: Medicine and Science in Sports and Exercise 27 4/1995

Degner, Philipp: Mehr Power. In: Rennrad 7/2018; BVA Bike Media AG, 2018

Düking / Kunz / Zinner / Sperlich: Vorbereitung auf ausdauerorientierte Wettkämpfe in Hitze. In: Leistungssport 6/2018. Philippka Sportverlag; Münster 2018

Eilers/Wetjen: Der schmale Grat. In: Triathlon 8/2018. spomedis-verlag, Hamburg 2018

Felchner, Carola: Feine Kopfsache. In: Triathlon 7/2014. spomedis-verlag, Hamburg 2014

Felchner, Carola: Taktisch Trinken. In: Triathlon 7/2019. spomedis-verlag, Hamburg 2019

Felchner, Carola / Sienknecht, Nils: Eine runde Sache. In: Triathlon 6/2014. spomedis-verlag, Hamburg 2014

Fitzgerald, Matt: Topfit am Start. Delius Klasing Verlag; Bielefeld 2013

Friel, Joe: Your best Triathlon. Velopress-Verlag. Boulder, Colorado 2010

Friel, Joe; Byrn, Gordon: Going Long, Triathlontraining für die Langdistanz. Covadonga-Verlag, Bielefeld 2011

Gambetta, Vern: Athletic Developement; Human Kinetics; Champaign, USA 2007

Gourley, Jim: Triathlon Speed – Was wirklich schnell macht! spomedis Verlag, Hamburg 2014

Gressmann, Michael: Fahrradphysik und Biomechanik; Moby Dick Verlag; Kiel 1995

Güllich, Dr. Arne: Sport. Das Lehrbuch für das Sportstudium. Springer Verlag; Berlin 2013

Hemm, Frank: Zusammenhänge zwischen Nahrungsaufnahme und Befindlichkeit im Langzeitausdauer-Wettkampf. dissertationen.de 2005

Hinnen, Roy: Triathlon Total, Dein Weg zur neuen Bestzeit. Sportwelt Verlag; Betzenstein 2015

Hottenrott / Kraus / Steiner / Neumann: Hohe Leistungsreserven durch wissenschaftlich vorgegebene im Vergleich zu selbstgewählten Ernährungsstrategie bei Radsportlern und Triathleten. 24. Internationales Triathlon Symposium Darmstadt 2009. Feldhaus-Verlag, Hamburg 2010

Hottenrott, K & Neumann, G.: Trainingswissenschaft. Meyer & Meyer Verlag; Aachen 2010

Jekel / Kühnen: Spezielkräfte. In tour-magazin 9/2017. Delius Klasing Verlag;

Bielefeld 2017

Joch, Winfried / Ückert Sandra: Ausdauerleistung nach Kälteapplikation. In: Leistungssport 11/2003. Philippka Sportverlag; Münster 2003

Kandel, Baeyens & Clarys: Somatotype, training an performance in Ironman athletes. In: European Journal of Sport Science 7/2013

Kindermann: Anaerobe Schwelle. In Deutsche Zeitschrift für Sportmedizin 6/2004

Kühnen, Robert: Temporausch. In tour 1/2007, Delius Klasing Verlag; München 2007

Kühnen, Robert: Wer bremst da? In tour 5/2008, Delius Klasing Verlag; München 2008

Kühnen, Robert: Radiologie. In touer 6/2008, Delius Klasing Verlag, München 2008

McGuigan, Mike: Monitoring Training and Performance in Athletes. Human Kinetics Verlag, Champaign, IL 2017

Mosburger, Kurt: Der Energieumsatz. Innsbruck 2008

Mosburger, Kurt: Die muskuläre Energiebereitstellung im Sport. Innsbruck 2009

Möller, Thomas: Leistung & Training im Triathlon. Schriftenreihe für angewandte Trainingswissenschaft (IAT). Leipzig 2015

Neuman, Georg: Physiologische Grundlagen von Spitzenleistungen. 26. Internationales Triathlon Symposium Niedernberg. Feldhaus-Verlag, Hamburg 2012

Pannekock / Wisse / van der Stelt: Eat like an Athlete. Meyer & Meyer Verlag, Aachen 2019

Pöttgen, Klaus: Ironman Projekt 2010. 26. Internationales Triathlon Symposium Niedernberg. Feldhaus-Verlag, Hamburg 2011

Pöttgen, Klaus: Thermoregulation im Triathlon. 27. Internationales Triathlon Symposium Niedernberg. Feldhaus-Verlag, Hamburg 2013

Schek, Alexandra: Gewichtsmanagement im Leistungssport. In: Leistungssport

06/2017. Philippka Sportverlag; Münster 2017

Selles-Perez et al: Changes in Triathletes Performance and Body Composition During a Specific Training Period for a Half Ironman Race. In: Journal of Human Kinetics 67/2019

Schückert/Hagemann/Strauß: Ausrichtung der Aufmerksamkeit in Ausdauersportarten. In: Leistungssport 3/2010. Philippka Sportverlag; Münster 2010

Thomson, Kevin G.: Pacing: Mit der richtigen Strategie optimale Leistungen erbringen. spomedis Verlag, Hamburg 2016

Tran/Hübscher/Thiel/Banzer: Wirksamkeit akuter Koffeinaufnahme auf die aerobe und anaerobe Leistungsfähigkeit. In: Leistungssport 7/2012. Philippka Sportverlag; Münster 2012

Vance, Jim: Wattmessung für Läufer. Spomedis-Verlag; Hamburg 2016

Van Dijk/Van Megen: Das Geheimnis des Laufens. Meyer&Meyer Verlag, Aachen 2017

Vogt/Brügger/Schütz/Wehrlin/Umberg/Aeschlimann/Matter/Bürgi: Physiologische Trainings-intensitätszonen. Fachgruppe Ausdauer Swiss Olympic; Maggingen Schweiz 2005

Wallace, CD: Bestimmung des Körperfettanteils. Eaglefit Verlag, Langenau 2018

Weineck, J: Optimales Training. Spitta-Verlag, Balingen 2010

Witts, James: Trainieren wie die Radprofis. Delius Klasing Verlag; Bielefeld 2017

Zeller, Sebastian: Die Laktatbildungsrate verständlich erklärt. tri-mag.de/Trainingswissen kompakt; spomedis Verlag, Hamburg 2018

Zeller, Sebastian: So funktioniert die Fettverbrennung. tri-mag.de/Trainingswissen kompakt; spomedis Verlag, Hamburg 2018

Ziemainz: Handlungskontrolle und Stressintervention im Triathlon. Meyer&Meyer Verlag; Aachen 1999

Ziemainz, Rentschler: Mentale Trainingsformen im Triathlon. Afra Verlag; Butzbach-Griedel 2003

Internet

http://www.dissertationen.de

http://www.leitungssport.net

http://www.sponet.de

http://www.sportsandscience.de/

http://www.sfsn.ethz.ch

http://www.staps-online.com

http://www.swissside.com

http://www.triathlon-szene.de

https://www.trainingpeaks.com/blog/understanding-the-limitations-of-tss-and-if-during-
hiit-training/

http://www.youtube.de/channel/Triathlon Crew Cologne

http://www.zeitschrift-sportmedizin.de